성과창출로 직결되는 실천 리더십

퍼포먼스 리더십

LEADERSHIP WO KITAERU TRAINING BOOK

ⓒ TOSHIKAZU WATANABE / MITSUNORI MIYAKE 2002
Originally published in Japan in 2002 by KANKI PUBLISHING INC.
Korean translation rights arranged through
TOHAN CORPORATION, TOKYO and ACCESS KOREA SEOUL.
Korean translation copyrights ⓒ 2003 by SIGMA INSIGHT COM.

이 책의 한국어판 저작권은 액세스코리아 에이전시를 통한
TOSHIKAZU WATANABE / MITSUNORI MIYAKE와의 독점계약으로
한국어 판권을 '시그마인사이트컴' 이 소유합니다.
저작권법에 의하여 한국 내에서 보호를 받는 저작물이므로
무단 전재와 복제를 금합니다.

성과창출로 직결되는 실천 리더십

퍼포먼스 리더십

PERFORMANCE LEADERSHIP

헤이컨설팅그룹 지음

SIGMA INSIGHT

머릿말

중간 관리자라는 말이 사어(죽은 단어)가 돼가고 있다.

과거에는 과장급에 요구되는 역할이 부하를 관리하는 것이었다. 성과주의가 확산되고 있는 지금은 부서의 나아갈 방향을 제시하고 때로는 스스로 모범을 보이며 부하에게 강하게 동기부여를 시켜서 팀의 업적을 향상해 나가는 문자 그대로의 리더가 요구되고 있다.

그러나 생각하는 대로 부하가 따라와 주지 않는다. 어떻게 업적을 올려야 할지 머리를 싸매고 고민하는 중견리더가 많다. 자신은 리더의 그릇이 안 된다면서 자질 문제로 생각하는 사람도 있다.

이 책에서는 리더십은 학습 가능한 스킬이라는 관점에서 부문체질, 리더십 스타일, EI(=EQ=감성지수) 이 세 가지 요소를 사용해 이론적으로 리더십을 연마하는 방법을 설명하고 있다. 즉, EI가 리더십 스타일을 받쳐주고, 리더십 스타일이 부문체질을 만들며, 부문체질이 업적을 결정한다는 이론이다.

EI는 현재 주목받고 있는 컴피턴시에서 중요한 핵심을 이루고 있다. 단지, 이 책은 컴피턴시를 주제로 하는 것이 아니므로 컴피턴시에 대해 자세히 언급하지는 않지만 그 본질은 이해할 수 있을 것이다.

이 책은 우선 제1장부터 3장까지에서는 리더십을 연마하는 이론을 습득하고, 제4장과 5장을 통해 자신의 팀에 대한 부문체질을 분석해서 필요한 리더십 스타일을 강화했으면 한다. 이 책이 당신 팀의 업적향상에 도움이 된다면 한없이 기쁘겠다.

2002년 10월 저자

본문을 읽기 전에

본문을 읽기 전에 다음 질문에 답해 주십시오. 선입견이 없는 상태로 자기진단을 수행함으로써 당신의 리더로서의 특성을 보다 정확하게 파악할 수 있습니다.

 리더십 스타일 자기진단 테스트

다음 질문에 대하여 자신에게 해당한다고 생각하는 상태를 'A=바로 그대로, B=그렇다고 말할 수 있다, C=전혀 틀리다' 중에서 선택하여 각 박스 안에 기입해 주십시오.

질문에 따라서는 적합하지 않거나 판단하기 어려운 경우도 있겠지만 그러한 경우에도 3가지 상태 중에서 당신의 특징에 가장 가까운 것을 선택해 주십시오.

① 아주 끊임없이 부하를 감시한다.
② 부하와 의견이 대립되는 경우에는 자신의 주장에 대한 근거를 정확히 설명한다.
③ 부하와 긴밀한 개인관계를 구축하고 있다.
④ 권한을 위임해서 기회를 주는 방식으로 부하를 교육하고 있다.
⑤ 부하가 문제에 부딪친 경우 스스로 문제를 해결하도록 한다.
⑥ 부하의 성과를 관리하기보다 부하의 자발성을 촉구하고 있다.
⑦ 상사가 지시하는 것을 즉시 실행하게끔 하고 있다.
⑧ 상사의 희망과 의지를 제안 형태로 부하에게 전달한다.
⑨ 부하와 대립을 일으키게 하는 논의는 적극 피한다.

⑩ 부하를 관리감독하기보다 부하와의 의견일치를 중시한다.
⑪ 상사로서의 업무자세를 보여서 그것으로부터 일의 절차를 밟게 한다.
⑫ 업무처리 방법에 대해 여러 선택 안을 주어 부하가 판단하도록 위임하고 있다.
⑬ 업무수행을 위해서 패널티를 구사하고 있다.
⑭ 리더로서의 자신의 판단과 방침에(철학을 포함하여)대해 부하로부터 신뢰를 받고 있다.
⑮ 부하가 개인적인 상담을 요청해 올 때 우선적으로 시간을 할애하고 있다.
⑯ 조직에 문제나 과제가 있을 때는 부하들 서로간에 협의하여 해결하게 한다.
⑰ 부하에게 높은 목표를 주고 그것을 달성하는 사람만을 평가한다.
⑱ 부하의 업무가 잘 실행되지 않는 경우에는 그 미비점을 지적하여 개선방법을 가르치고 있다.
⑲ 부서의 단기적인 업무관리를 중시한다.
⑳ 부하가 기대한 만큼의 성과를 올리지 못한 경우, 그 이유를 확실하고 냉정하게 설명한다.
㉑ 리더로서 부하로부터 인기를 얻게끔 하고 있다.
㉒ 서로 다른 의견은 새로운 견해로 여기며 존중해 준다.
㉓ 목표를 부여하고 그것을 실현하는 데 간섭하지 않으며 부하 자신이 관리하도록 맡긴다.
㉔ 부하에게 일을 시키고 그 결과에 도움이 되는 피드백을 하고 있다.

1	2	3	4	5	6
7	8	9	10	11	12
13	14	15	16	17	18
19	20	21	22	23	24

목차

머릿말 _____ 4

프롤로그 성과주의 시대에 요구되는 리더십

1 리더십은 학습 가능한 스킬 _____ 16
노력과 의지에 의해 리더의 그릇은 만들어진다 / 리더에게 카리스마는 필요 없다 / 리더십은 능력이 아니라 자신의 의지이다

2 성과주의 시대에 요구되는 리더상이란? _____ 19
부하의 마음을 움직이는 비전제시형 / 상황대응형이 가장 요구되는 리더상

3 중견리더의 사명이란 무엇인가? _____ 22
중견리더에게 기대되는 3가지 역할 / 결과를 만들어 내는 것이 가장 중요하다 / 업무의 보람이나 즐거움을 증대시킨다 / 자신의 꿈을 조직을 통해서 실현하는 것이 리더의 묘미

4 성과를 산출하는 리더십의 3가지 요소 _____ 26
부문체질, 리더십 스타일, 티로 구성된다 / 리더의 생각이나 행동이 부문체질을 만든다 / 티는 리더십의 토대를 형성하는 인프라 / 이론을 근거로 실천적인 리더십을 강화한다

제1장 부문체질과 리더십

1 부문체질은 리더가 만든다 ___32
직장의 분위기는 업적에 큰 영향을 준다 / 부문체질이 사원에게 미치는 영향은 사풍보다도 강하다 / 부서체질은 리더의 개성을 반영한다

2 부문체질은 성과와 직결된다 ___35
부하에게 집단적으로 동기부여시키는 것이 가능 / 리더에 따라 업적은 잘 될 수도 잘못 될 수도 있다

3 업적이 좋은 조직의 부문체질 ___38
부문체질을 형성하는 6가지 요소 / 특별히 중요한 요소는 무엇인가 / 목표감과 방향감 두 가지는 최소 불가결

4 부문체질로부터 조직의 장·단점을 알 수 있다 ___42
자유도가 낮은 조직에서는 개혁이 진행되지 않는다 / 책임감이 낮은 조직은 스피드 부족 / 목표감이 높을수록 잠재력을 이끌어낼 수 있다 / 공평감이 높으면 멤버의 의욕이 상승된다 / 방향감이 높으면 부서와 멤버의 목표가 일치 / 일체감은 조직의 정보공유를 높인다

제2장 6가지의 리더십 스타일

1 리더십 스타일이란 무엇인가 ___54
상황에 맞춰 적절히 사용함으로써 효과가 높아진다 / 리더십 스타일의 6가지 분류 / 가장 자신 있는 리더십 스타일이란?

2 리더십 스타일을 학습하면 당신의 지도력은 어떻게 변화하는가? ___59
부하에게 당신의 방법론을 침투시키는 것이 가능하다 / 부하의 진실한 마음을 이해할 수 있다 / 연상의 부하와도 양호한 관계가 구축된다 / 부하를 육성하는 질책법을 습득할 수 있다

3 리더십 스타일을 어떻게 적절히 사용할 것인가? ___62
목적에 맞게 어울리는 스타일을 선택한다 / 문제의식을 공유하기 원할 때는 집단운영형 스타일 / 역할을 명확히 제시할 때는 비전형 스타일 / 적절한 스타일을 자연스럽게 행하는 것이 이상적

4 (1)지시명령형 스타일의 특징 ___66
부하에게 요구하는 것은 순종 / 부하의 자주성을 해치는 경우도 있다 / 긴급시나 비상시에는 효과적 / 조직에 모럴 헤저드를 초래하기 쉽다

5 (2)비전형 스타일의 특징 ___70
따라가고 싶은 비전을 제시한다 / 부하의 신뢰가 없으면 예상이 어긋나는 경우도 있다 / 목표감과 책임감을 높여 부하에게 동기부여시킨다

6 (3) 관계중시형 스타일의 특징 ____73
무엇보다도 조직의 화합을 최우선으로 생각한다 / 팀워크는 좋으나 업적을 저하시키기 쉽다 / 비전형 스타일과의 병용이 효과적 / 조직이 사이좋은 클럽이 되어 기능부전에 빠지는 경우도 있다

7 (4) 집단운영형 스타일의 특징 ____76
멤버의 제안을 정리하는 앵커 역할 / 의사결정 스피드가 떨어지는 약점 / 즉각적인 전력을 육성하기 어렵다 / 부서의 자발성을 촉진한다

8 (5) 규범형 스타일의 특징 ____79
자신에게도 부하에게도 높은 목표를 설정한다 / 부하에게 업무를 맡기지 못하고 자신이 업무를 떠맡는다 / 의욕이 강한 유능한 조직이라면 효과가 크다 / 자유도, 방향감, 공평감을 저하시킨다

9 (6) 육성형 스타일의 특징 ____83
장기적인 시점에서 부하의 능력을 이끌어 낸다 / 시대를 초월하여 필요한 리더십 / 부하가 성장하는 부문체질을 형성할 수 있다

10 리더십은 행동으로 보여줌으로써 비로소 효과가 나타난다 ____86
이념뿐인 리더십은 이해 불가능 / 리더의 언행과 리더십

11 리더가 변하면 부문체질은 이렇게까지 변한다 ____88
〈케이스 스터디〉 리더가 부문체질에 미치는 영향 / 관계중시형 스타일이 원인이 되어 이익과 모럴이 저하 / 사이는 좋으나 진실한 커미트먼트가 부족한 풍토 / 지시명령형 스타일로 룰 준수에 철저 / 책임감과 목표감이 명확한 풍토에 변화 / 모범을 보이는 규범형 스타일로부터 지도 / 목표의 명확화로 잠재능력이 개화

제3장 EI와 리더십

1 EI가 리더십의 기반 ____ 98
유능한 리더와 무능한 리더의 차이점이란? / 회사란 IQ로 입사하여 EQ로 출세하는 곳 / 우수한 리더는 知와 情가 뛰어나다

2 EI란 무엇인가 ____ 101
EI 리더에게 필요한 4가지 기본영역 / EI란 감정을 능숙히 다스리는 능력이다 / EI는 성과로 직결된다

3 EI의 기본능력 (1) 자기인식 ____ 104
바른 자기인식은 自信으로 연결된다 / 자신의 가치를 객관적으로 파악할 수 있다 / 자기인식이 안 되는 리더는 맡기는 것도 미숙 / 때로는 자신의 한계를 부하에게 보여주는 것도 필요하다

4 EI의 기본능력 (2) 자기관리 ____ 107
감정에 빠져 부하를 질책하고 있지 않은가 / 질책방법에서 리더의 자기관리가 나타난다 / 자제심이 강한 리더는 부하에게 신뢰받는다 / 리더가 반드시 구비해야 할 능력 / 우수했던 인재가 무능한 상사가 되는 이유

5 EI의 기본능력 (3) 대인이해 ____ 112
인간관계의 특징을 살펴서 의사결정에 사용한다 / 부하의 말에 귀 기울이는 경청력이 높다 / 부하의 의욕에 불을 당기는 것에 능숙하다

6 EI의 기본능력 (4) 대인기술 ____ 115
종합적 대인 매니지먼트 기술 / 대인기술이 뛰어난 리더는 인재육성도 뛰어나다 / 권한을 위임하여 부하의 잠재능력을 이끌어 낸다

7 EI를 높여서 리더로서 성장한다 ____ 118
EI 향상은 착실한 노력에 의해 달성된다 / 당신이라는 인간을 그대로 부하에게 대하라

제4장 리더십을 단련하기 위한 준비

1 워밍업 ___ 122
리더십을 이론적으로 트레이닝하는 방법

2 부문체질의 개선포인트를 명확히 한다 ___ 125
부문체질의 개선포인트는 자기판단이 가능하다 / '부문체질 진단 테스트'에 의해 정확히 개선점을 파악하자 / 개선포인트는 한 가지나 두 가지로 집약한다

3 강화해야 할 리더십 스타일을 특정한다 ___ 130
효과적인 리더십 스타일을 대응표에서 찾아낸다 / 당신에게 필요한 스타일에 초점을 맞춰서 트레이닝한다 / 단기 혹은 장기인지에 따라 효과가 반대되는 경우도 있다

4 리더십 스타일을 지탱하는 컴피턴시란 무엇인가? ___ 132
컴피턴시란 행동을 이끌어내는 '동적인 능력' / 리디십 스타일에 필요한 컴피턴시

제5장 리더십을 단련한다

1 지시명령형 스타일을 개발한다 ___ 136
지시명령은 부하에게 직접 확실하게 말하라 / 치밀한 모니터링을 철저히 한다 / 목표 미달성의 경우 우선 리더가 자성하라 / 자기관리를 엄격하게 행한다 / 컴피턴시 '강제력'을 강화하자 / 서포트 컴피턴시는 '달성지향성'

2 비전형 스타일을 개발한다 ___ 142
부하에게 당신의 의사를 확실히 이야기하라 / 생각이 침투할 때까지 가두설교를 반복하라 / 부하의 생각을 수용하는 노력도 중요하다 / 명쾌한 전략 책정에 유의하라 / 컴피턴시 '팀리더십'을 강화하자 / 서포트 컴피턴시는 '自信'

3 관계중시형 스타일을 개발한다 ___ 148

우선 멤버간의 대립을 배제할 것 / 부하의 개인적인 상담에도 귀를 기울인다 / 부하에게 연모(경모)받도록 유념하라 / 목표가 되는 역할 모델을 발견하여 모방한다 / 컴피턴시 '관계구축력'을 강화하자 / 서포트 컴피턴시는 '조직지향성'

4 집단운영형 스타일을 개발한다 ___ 154

자유스러운 분위기의 장을 만들어라 / 토론의 장에서 받아들이는 자세를 취하라 / 자신을 억제하는 인내가 필요 / 개인의 업적도 팀 전체가 축하한다 / 컴피턴시 '팀워크'를 강화하자 / 부하에게 공평한 행동을 할 수 있는가 / 팀 이익을 최우선으로 생각하라

5 규범형 스타일을 개발한다 ___ 160

전문성의 향상을 견인력으로 연결하라 / 우선은 전문능력의 향상에 전력 / 자신에게도 최고 수준을 요구하라 / 프로세스는 부하에게 맡기고 자기관리력을 육성 / 컴피턴시 '전문성'을 강화하자 / 전문성의 발휘에는 의외로 '자신감'이 중요

6 육성형 스타일을 개발한다 ___ 166

육성을 위한 대화나 이해를 가장 중요시한다 / 조직의 내외부에서 부하의 우수함을 어필한다 / 부하가 분발하도록 칭찬의 말을 하라 / 부하의 성장을 면밀히 기록하라 / 컴피턴시 '육성력'을 강화하자 / 부하에게 성선설로 대하는 것이 가능한가 / 서포트 컴피턴시는 '조직지향성'

7 '무엇이 변화하였는가'를 사후평가한다 ___ 172

사후체크를 하라 / 반복적으로 수행하여 체질개선으로 연결시킨다 / 6가지 스타일을 적절히 사용하는 것이 이상적 / 상황최적의 리더십을 지향하라

Prologue

성과주의 시대에 요구되는 리더십

1. 리더십은 학습 가능한 스킬
2. 성과주의 시대에 요구되는 리더상이란?
3. 중견리더의 사명이란 무엇인가?
4. 성과를 산출하는 리더십의 3가지 요소

프롤로그
성과주의 시대에 요구되는 리더십

1 리더십은 학습 가능한 스킬

노력과 의지에 의해 리더의 그릇은 만들어진다

리더십은 선천적으로 결정되는 능력이 아니고 학습에 의해 후천적으로 몸에 익히는 것이다. 소질이 아닌 노력에 의해 누구라도 체득할 수 있는 스킬이라고 해도 과언이 아니다. 부문의 장으로 임명되었을 때 '나는 과장에 어울리지 않아', '그릇이 안 되는 사람이 리더의 역할을 잘 해낼 수 있을까' 등으로 고민하는 경우가 있다.

그러나 그런 걱정은 필요 없다. 기업사회에서 지위가 인간을 만들어 내는 경우가 드물지만은 않기 때문이다. 부장 그릇이 안 되던 사람이 부장 자리에 취임한 후 지위에 어울리는 권위나 관록을 갖추게 되는 경우는 종종 있는 일이다. 물론 좋은 리더가 되기 위해서는 노력이 필요하다.

| 그림 p-1 | 지위가 리더를 만든다

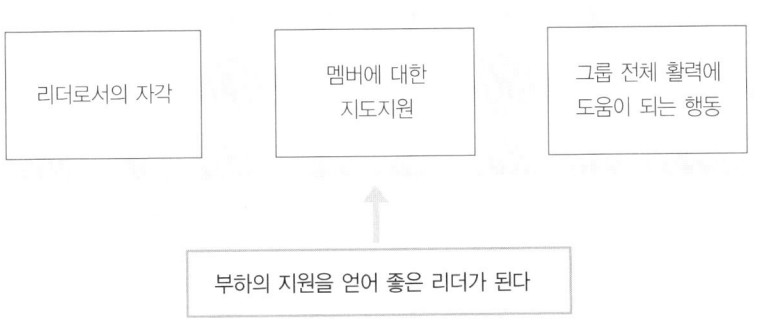

항상 리더로서 자각하고 멤버의 지도나 자신의 지위에 유념하면서 그룹 전체에 도움이 되도록 행동해야 한다. 그런 행동이 누적되어 간다면 부하로부터 강력한 지원을 받으면서 누구라도 리더에 어울리는 사람이 될 수 있다.

리더에게 카리스마는 필요 없다

예를 들어, 미국의 농구리그 이른바 NBA에 팻토 라이리라는 명장이 있다. 그는 로스앤젤레스·레이카즈를 네 번이나 우승으로 이끈 것 외에도 하향하는 약체팀을 강호로 육성시킨, 누구에게나 인정받는 유능한 지도자이다. 그러나 현역 시절의 라이리는 특별한 활약이 없는 이류선수였고, 은퇴 후에도 프론트의 잡일 등을 해가며 조금씩 리더로서의 계단을 밟아 올라갔다.

명선수가 아니면 명감독이 될 수 없다는 법칙을 정반대로 보여준 인물로서 그는 특별한 능력을 갖추지 않은 평범한 사람이었기 때문에 오히려 유능한 리더가 될 수 있었을 것이다. 결국, 리더십이란 소질이 아니라 전적으로 후천적인 노력에 의해 좌우된다는 사실을 보여 주고 있다.

그는 자신의 능력이 부족하다는 것을 자각하고 조직관리나 부하육성 등 리더십을 갖추기 위해 노력하였다. 리더에게 카리스마가 필요 없다는 사실은 기업을 비롯해 어떤 조직에도 해당된다고 할 수 있다.

리더십은 능력이 아니라 자신의 '의지'이다

어느 사회학자는 리더십을 유감 없이 발휘하기 위한 지도자의 조건으로 다음의 3가지를 말하고 있다.
- 자신의 일에 강한 열정을 가지고 있다.
- 주어진 임무에 책임감을 지속적으로 갖는다.
- 객관적인 눈으로 업무추이와 사람을 관찰한다.

앞의 조건 중 어느 것도 이것을 할 수 있다는 능력이 아니라, 이러하다는 '의지'라는 점에 주목해 주기 바란다. 결국, 리더십이란 처음부터 갖추어진 재능이 아니라, 습득하려는 노력에 의해 배양될 수 있는 것이다.

리더의 역할은 부하를 관리하는 것이 아니라 예를 들면 솔선수범하면서 부하를 이끌어 가는 것이라고 생각해 본다면, '실행으로 보여 주는 것이라면 나도 가능하다'는 결론을 얻을 수 있지 않은가. 즉 행동형 관리자도 유효한 리더십 스타일의 하나가 된다.

그림 p-2 | 후천적으로 획득 가능한 리더십

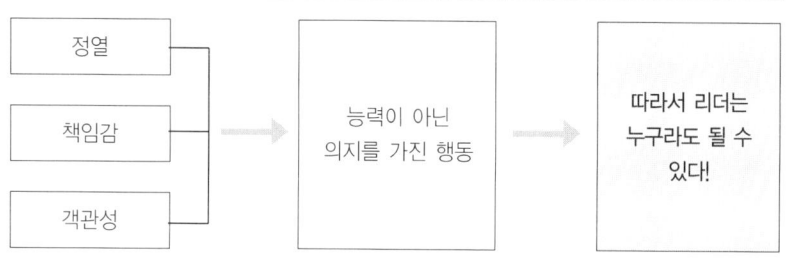

여하튼, 리더로서의 기량이나 능력은 자신이 후천적으로 습득하면서 배양해 가는 것이다. 이 책에서는 특히 성과주의 시대에 있어서 리더십이란 무엇이며, 어떤 장면에서 어떻게 발휘하면 좋을 것인지, 또한 그것을 몸에 습득하기 위한 리더십 트레이닝 방법에 대해 설명하려고 한다.

2 성과주의 시대에 요구되는 리더상이란?

부하의 마음을 움직이는 '비전제시형'

성과주의 시대에 요구되는 리더상이란 구체적으로 어떤 것일까? 그것은 비전제시형과 상황대응형의 두 가지가 있다. 비전제시형이란 지금까지와 같이 업무를 중심으로 지시명령을 하는 관리자가 아니라, 명확한 목표나 지침을 세워서 부하를 힘차게 이끌어 가는 글자 그대로의 인솔자(리

그림 p-3 | 리더는 비전을 제시하는 것이 중요하다

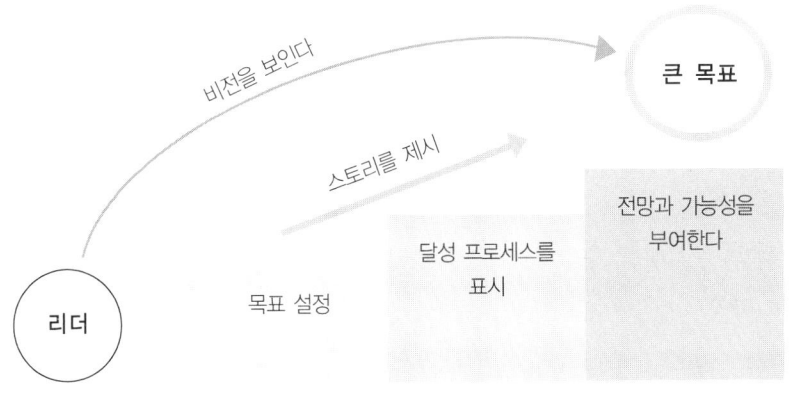

더)이다. 즉, 지금 무엇을 해야 하고 어느 방향으로 전진할 것인가에 대한 목표나 방향성을 정확히 표현하고 신속하게 의사결정함으로써 부하의 의욕을 충전시켜 가는 리더가 요구되고 있다.

예를 들어, 혼다의 슈이치로는 과거에 하마마츠 공장의 주인이었을 때부터 사원들에게 세계 제일의 오토바이 메이커가 되자고 끊임없이 이야기했다고 한다. 사원들은 또 사장의 허풍이 시작되었다고 비웃었지만, 어느 곳이든 이 사람을 따라다니면 분명히 꿈이 현실로 이루어질 수 있다는 가능성을 믿었다고 한다.

또 다른 예로, '1960년대 안에 인간을 달에 보내자' —— 미국의 우주기술이 비약적으로 발전한 것은 고 케네디 대통령의 이 한마디부터였다고 한다. 높은 의지와 강한 의사를 짧은 말로 집약해서 명쾌하고 설득력 있는 비전으로 제시한 그 리더십에 NASA를 비롯한 얼마나 많은 조직과 사람들이 흥분하면서 의욕이 충전되었는지는 이루 헤아릴 수 없다.

이런 오래된 일화는 성과주의 시대에 요구되는 새로운 리더십 즉, 비전을 설정하는 힘에 대한 중요성을 표현하고 있다. 리더란 꿈을 이야기하고 그것을 실현시키는 스토리를 만들어 갈 수 있는 사람이다. 부하에게 '이렇게 되자' 비전을 제시하고, 그것을 달성하기 위해서 '이렇게 하면 된다' 라는 프로세스를 보여 주는 능력, 이것이 리더십의 골격에 해당하기 때문이다.

세계를 석권한 인터넷 기술도 구상 단계에서는 그런 쓸데없는 일이 가능할 리 없다는 반응이 일반적이었다. 그러나 얼마 지나지 않아 '그것 참 대단하다', '재미있다' 는 반응으로 바뀌면서 기대 이상의 성과를 낳고 있다. 이 '쓸데없는' 을 '그것 재미있다' 로 바꾸어 가는 구상력(=비전제시력)은 신시대의 리더에게 시대를 초월하여 반드시 필요하다.

따라서 새로운 리더에게 요구되는 것은 엔진이나 마력보다도 오히려 항해도나 나침반의 요소이다. 적어도 지위나 입장만으로 권위가 보장되거나 전례답습형의 전형적인 지도방법으로 리더가 역할을 다하는 시대는 끝났음을 명심해야 한다. 단순한 관리직에 머물지 않고 구상력이나 제안력으로 사람과 조직을 움직이는 다이너미즘을 가진 인재야말로 성과주의 시대의 리더로서 적합하다.

'상황대응형'이 가장 요구되는 리더상

또 하나 필요한 것이 상황대응형의 리더십이다. 앞에서도 언급했듯이 기업사회는 지금 급속한 변혁기에 있다. 기술, 시장, 인재, 정보 등의 상황이 끊임없이 움직이면서 변화하고 있다. 어제 만든 청사진이 내일 바로 낡은 것이 되는 시대이다. 이런 유동적인 시대에는 리더십도 고정화 · 정형화된 스타일로는 부하를 진심으로 동기부여시켜서 업적으로 연결하기가 어렵다. 그래서 앞으로의 리더에게는 복수의 리더십을 상황에 맞춰 적절히 사용하는 것이 중요하다. 결국 변화에 대응하는 상황대응형의 리더십이 필요한 것이다. 어쨌든 상황대응형의 리더십이 성과주의 시대에 요구되는 리더십의 중심이 되어야 한다고 생각한다.

그림 p-4 | 상황대응형의 리더십이란 무엇인가

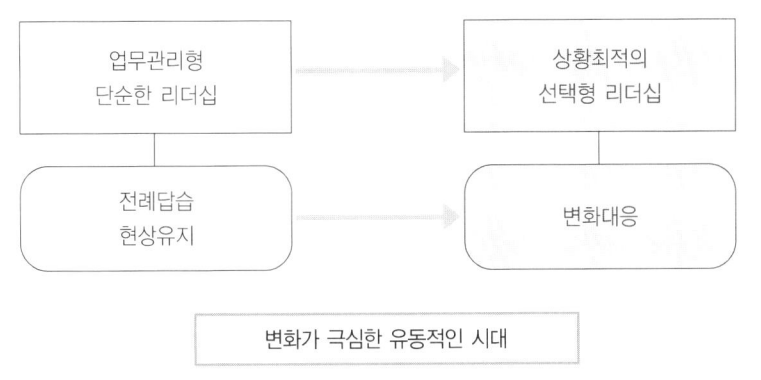

3 중견리더의 사명이란 무엇인가?

중견리더에게 기대되는 3가지 역할

기업사회는 변혁기에 직면하고 있다. 그 변혁의 여파를 가장 많이 받는 층이 과장급의 중견리더라고 말할 수 있다. 왜냐하면 경영의 기둥이었던 연공서열 시스템이 붕괴하여 조직구조가 플랫화(flat)됨으로써 중견리더들의 활약의 장이 커지고 있기 때문이다. 또한 그와 비례해서 중견리더의 책임도 커지고 있다. 회사측에서도 이른바 중간관리직 이상의 역할을 중견리더에게 기대하고 있다. 그렇다면 중견리더에게 기대되는 역할이란 도대체 무엇일까?

조직에서 중견리더의 역할은 크게 3가지로 나눌 수 있다. 그것은 ① 회사에 대한 '결과' ② 동료에 대한 '조언과 조정' ③ 부하에 대한 '동기부여'이다. 이 3가지 역할을 수행하는 것이 우수한 리더로서의 조건이라고 말할 수 있다.

그림 p-5 | 중견리더의 3가지 역할

① 회사에 대한 '결과'

결과를 낸다는 것은 어떤 것인가. 약간 무례한 표현이지만 한마디로 설명하자면 업적을 올리는 것이다. 결국 이익을 올리고 매출을 올리며 경비를 줄이는 것이다. 회사가 중견리더에게 기대하는 것은 결과를 내는 것이다.

② 동료에 대한 '조언·조정'

한편 동료에 대해서는 조언과 조정이 요구된다. 동료에게 적절한 어드바이스를 해주는 것이 기대된다. 회사조직에 있어서의 수평레벨과 연계하여 다양한 문제에 대한 조정이나 해결을 지금보다 더 주체적으로 하는 것이 기대된다.

③ 부하에 대한 '동기부여'

하부레벨에 대해서는 동기부여를 하는 것이다. 즉, 부하에게 일에 대한 의욕을 고취시켜서 업무에 흥미나 성취감을 느끼게 만드는 것이다. '일을 한다는 것은 월급을 받기 위한 것이므로 월급 이상의 일을 하지 않는다. 절대로 자발적으로 업무에 임하지 않으며 업무가 즐겁다고 느끼는 경우도 없다.' 부하에게 이런 느낌을 갖게 만드는 리더는 부하에게서 업무의 즐거움을 빼앗아 버린 점으로 볼 때 리더로서 부적격하다고 말할 수 있다.

결과를 만들어 내는 것이 가장 중요하다

앞에서 언급했듯이 지금 과장급의 중견리더에게는 '결과, 조언·조정, 동기부여'의 3가지가 요구되며, 그 중에서 가장 중요한 것은 결과를 만들어 내는 것이다.

현재의 기업사회는 연공서열 시스템이 붕괴되면서 실력 중시의 성과주의로 급속하게 변화하고 있다. 즉, 회사는 사원들에게 무엇보다도 결과를 내도록 요구하고 있으며, 물론 과장급의 중견리더도 예외는 아니다.

결과를 내기 위해서는 부하의 사기를 높여서 의욕적으로 업무를 수행하게 만드는 것이 중요하다. 또한 동료와의 수평레벨에서의 연계를 원활히 하면 결과는 자연히 따라오게 된다. 즉, 중견리더가 '결과'를 내기 위해서는 '조언·조정'과 '동기부여'를 해야만 한다.

이와 같이 생각하면 부하에 대한 동기부여와 동료와의 조언을 통해 조직의 업적을 보다 효율적으로 향상시키는 것이, 성과주의 시대에 있어서의 중견리더의 가장 중요한 역할이며 사명이다.

업무의 보람이나 즐거움을 증대시킨다

중견리더는 자신의 업적을 올리는 것은 물론, 높은 업적을 올리는 유능한 인재를 만들어 그 힘을 결속시키고 견인해서 '성과로 연결되는 지도력'을 발휘해야만 하는 사명을 갖고 있다. 따라서 종래와 비교해 볼 때 리더의 역할과 책임이 훨씬 무거워진 것이다. 그러나 그만큼 보람이나 즐거움도 증대된다고 말할 수 있다.

예를 들어 연공서열이 무너져 조직구조가 플랫화되는 경향이 강해진다면, 중견리더는 이전에 중간관리자로서 지시명령의 '중계 역할'을 하던 것보다도 훨씬 큰 권한을 갖고 광범위하게 업무를 수행할 수 있다.

상사의 의향에 신경 쓰지 않으면서 자신의 판단으로 의사결정을 하고 자신의 재량으로 업무를 수행할 수 있는 범위가 점점 넓어지고 있다. 또 팀 중심으로의 움직임이 진전되면, 그 팀의 리더는 자신이 그 조직의 사장이라는 오너십을 갖게 된다. 따라서 조직관리부터 부하육성에 이르기까지의 업무를 수행하며 조직과 더 나아가 기업전체의 생산성을 높여 가는 것도 가능해질 것이다. 때로는 상사와 부하 중간에서 난처한 경우도 있겠지만, 역할과 책임의 증대는 동시에 권한과 재량의 확대를 의미하므로 리더로서의 업무에 대한 즐거움 또한 증대된다.

자신의 꿈을 조직을 통해서 실현하는 것이 리더의 묘미

"자신의 '생각'을 조직을 통해 실현한다"고 헤이그룹은 말하고 있다. 즉, 자신이 하고 싶은 것(꿈)을 조직이라는 힘을 활용해서 보다 효율적으로 실현하는 것이다. 그런 생각이나 꿈은 아무리 시대가 변하고 상황이 바뀐다고 해도 필요한 것이며, 그런 설레임이 없어진다면 인간은 인간으로서의 잠재력을 저하시켜 기계와 같은 존재가 된다.

'생각'을 실현시키기 위해서는, 리더는 부하를 가르치거나 질책하는 것뿐만 아니라, 부하에게 기대하는 바를 확실히 전하고 그들이 기분 좋게 일

그림 p-6 ▎리더의 역할과 보람

할 수 있는 환경을 만들어 주기 위해 부심한다. 그리고 때로는 스스로 솔선수범을 보이면서 부하를 강하게 동기부여시키며 조직을 활성화해 가는 노력이 필요하다. 그것이 가능하다면 '결과'는 자연히 따라오게 되어 성과주의 시대에 어울리는 리더가 될 수 있다.

4 성과를 산출하는 리더십의 3가지 요소

'부문체질', '리더십 스타일', 'EI'로 구성된다

중견리더에게 기대되는 기능으로는, 상사에게는 '결과', 동료에게는 '조언·조정', 부하에게는 '동기부여'의 3가지가 있으며, 그 중 가장 중요한 역할이 결과를 만들어 내는 것이라고 말했다.

그렇다면 어떻게 유효한 리더십을 발휘하고 만족할만한 성과로 연결시킬 수 있는가를 생각해 보는 것이 이 책의 목표이지만, 우선 여기서는 헤이그룹이 생각하고 있는 리더십의 본질에 대해서 간단히 설명하고자 한다.

우리 헤이그룹은, 훌륭한 리더십이 부문체질, 리더십 스타일, EI(=EQ)의 3가지 요소로 성립된다고 생각한다. 이 3가지 요소의 관계를 개념화하면 〈그림 P-7〉과 같은 피라미드 형태가 된다.

이 그림에서 리더십이라는 스킬은 하부구조가 상부구조를 받치고 있는 피라미드 구조를 이루고 있다. 즉 EI가 리더십 스타일의 기반이 되고, 리더십 스타일이 부문체질을 만들며, 부문체질이 업적을 결정한다는 것이다.

이 책은 피라미드의 상부구조로부터 하부구조로 내려가면서 그 연관성을 차례로 설명해 가는 형식을 통해 리더십을 이론적으로 이해할 수 있도록 구성되어 있다. 성과주의 시대에는 결과를 만들어 내는 것이 무엇보다

그림 p-7 | 성과와 리더십과의 관계

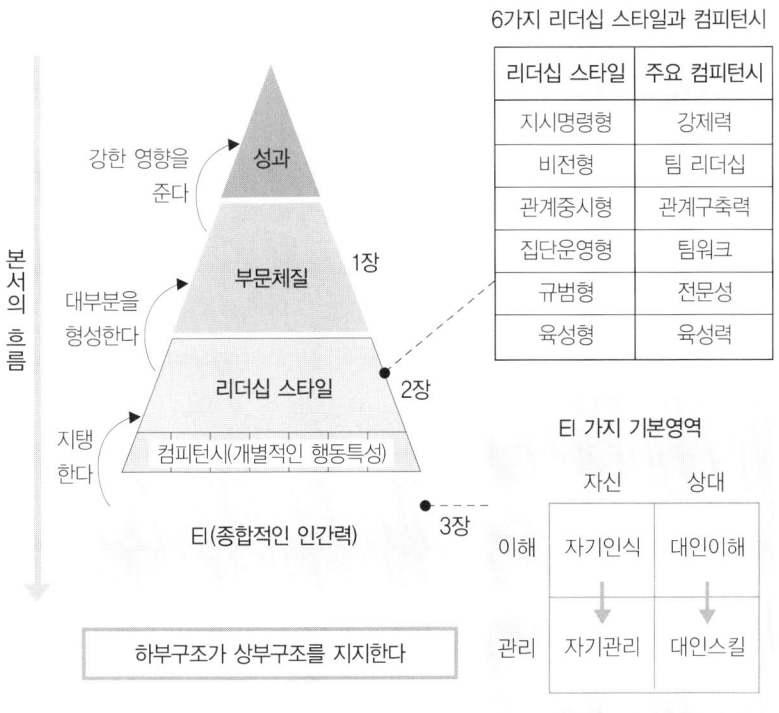

도 중요하므로 이 책은 리더십을 성과(=결과)와 연관시켜 생각하면서 output에서 input의 순서로 설명하도록 구성했다.

리더의 생각이나 행동이 부문체질을 만든다

우리들은 어떤 비즈니스에 있어서도 어느 팀이 결과를 만들어 내는 데에는 그 팀의 부문체질이 결정적인 열쇠가 된다고 생각한다. 부문체질이 좋은 조직은 높은 성과를 올릴 수 있지만, 부문체질이 좋지 않으면 성과를 낼 수 없는 것이다. 바꾸어 말하면, 결과를 낼 수 있느냐 없느냐는 부문체질에 의해 좌우되는 것이다.

그러면 부문체질은 어떻게 형성되는 것일까? 우리들의 조사에 의하면, 부문체질의 70% 정도는 리더의 관리스타일 즉, 리더십 스타일에 의해 만들어진다는 결과를 얻었다.

게다가 높은 업적을 올리는 리더는 6가지 리더십 스타일을 상황에 맞게 적절히 사용하고 있었다. 그것은 ① 지시명령형 스타일 ② 비전형 스타일 ③ 관계중시형 스타일 ④ 집단운영형 스타일 ⑤ 규범형 스타일 ⑥ 육성형 스타일의 6가지이다.

리더십 스타일에 대해서는 2장에서 언급하겠지만, 여기서 중요한 것은 리더 자신의 인간성과 사고방식, 행동방식과 행동 등 리더의 모든 것이 그대로 부문체질에 반영되어 직장의 분위기나 환경을 만든다는 사실이다.

예를 들면, 부하의 실수나 실패에 눈을 부릅뜨고 감점주의로 부하를 평가하는 리더십 스타일만을 고집하는 상사 밑에서는, 삭막한 공기에 위축된 부하가 언제나 마이너스 사고를 하며 자유롭게 일하지 못할 것이다.

밝은 포용력으로 결점보다 장점에 주목하는 리더십 스타일을 발휘하는 상사가 이끄는 조직은, 매우 적극적이고 활기찬 분위기 속에서 도전정신이 풍부한 부하들이 모여 좋은 결과를 내게 된다.

이와 같이 업적은 리더에 의해 좌우되는 것이므로 리더십 본연의 자세가 매우 중요하다.

EI는 리더십의 토대를 형성하는 인프라

예를 들어, 아무리 지식이나 기술이 뛰어난 사람이라도 인간적인 매력이 결핍된 리더는 부하를 지도하고 인솔하기가 어렵다. 왜냐하면, 겉으로는 지식이나 기술로 부하를 압도하는 것처럼 보여지지만, 인간적인 매력이나 기품이 없으면 부하는 따라오지 않기 때문이다. 이것을 헤이그룹 나름대로 바꾸어 말하면 EI(=EQ)가 중요하다는 것을 의미한다. 즉 EI가 리더십의 중요한 토대가 되는 것이다.

　EI이란 Emotional Intelligence의 약어로서 일반적으로 EQ라고 불리는 경우가 많으며, 센스나 감이 좋은 것을 포함한 종합적인 인간력을 의미한다. EI에 대해서는 3장에서 자세히 설명하겠지만, 그것은 마음이나 감정의 성숙상태로서 모든 비즈니스 스킬의 '뿌리'가 된다고 할 수 있다. 물론 리더십 스킬도 EI에 의해 지탱된다.

이론을 근거로 실천적인 리더십을 강화한다

　성인이 된 인간이 학습을 할 때에는 이론을 이해한 후 실천에 옮기는 것이 쉽다고 말해지는데 그것이 리더십이라는 스킬을 배울 때에도 해당된다.
　이 책의 1장부터 3장에서는 리더에게 힘을 주는 원천이 무엇인지에 대해 이론적으로 분석을 해보고, 그것을 근거로 어떻게 하면 리더십을 효과적으로 발휘할 수 있을 것인지에 대해 4장과 5장에서 고찰한다.
　말하자면, 1장에서 3장까지가 리더십에 관한 이론편이고 4장과 5장은 리더십을 훈련하는 실천편이 된다. 5장에서는 리더십 스타일에 관한 이해도를 높이기 위해 컴피턴시 관점에서 설명하였으므로 참고했으면 한다.
　여하튼 리더로서의 기량이나 능력은 자신이 후천적으로 습득하면서 배양해 갈 수 있는 것이다. 이 책에서는 '성과주의 시대에 있어서 리더십이란 무엇인가', '어떤 장면에서 어떻게 발휘하면 좋은가'와 더불어, '리더십을 어떻게 습득하면 좋은가'에 대한 리더십 트레이닝 방법을 전수한다.

1
부문체질과 리더십

1. 부문체질은 리더가 만든다
2. 부문체질은 성과와 직결된다
3. 업적이 좋은 조직의 부문체질
4. 부문체질로부터 조직의 장·단점을 알 수 있다

제1장
부문체질과 리더십

1 부문체질은 리더가 만든다

직장의 분위기는 업적에 큰 영향을 준다

우선, 부문체질이란 무엇인가에 대해 정의를 내려보자. '특정 직장이나 부서에 감도는 독특한 분위기로서, 멤버가 사물에 대해 생각하는 방식이나 행동을 공통으로 특징지을 수 있는 것' —— 그것이 부문체질이다.

한 부문의 멤버가 자신이 몸담고 있는 직장이라는 생활권을 어떻게 인식하고 있는지에 대한 그 분위기의 질적인 면을 의미한다. 구체적으로는 다음과 같이 표현할 수 있다.

- 목표달성에 대한 집착도나 일에 대한 책임감의 정도
- 일의 진행방법이나 팀워크에 있어서의 분담이나 협동의 철저도
- 고객을 응대하는 방법이나 회식 등 대인관계에 있어서의 그 부서의

그림 1-1 | 부문체질의 정의

부문체질의 정의
특정 직장이나 부문에 감도는 독특한 분위기로서, 멤버가 사물에 대해 생각하는 방식이나 행동을 공통으로 특징지을 수 있는 것

부문의 멤버가 자신의 직장이라는 생활권을 어떻게 인식하며 느끼고 있는가?

부문의 업적수준에 큰 영향

· 스피드감[매출성장률]
· 생산성[자원효율성]
· 고객만족도[지지율]

독자적인 사고방식
- 부문으로서 오랫동안 유지해온 독특한 존재감이나 소속감, 긍지

 이러한 풍토적인 특징은 생산성 중시나 고객지향이라고 하는 비즈니스상의 가치관이나 특성에까지 승화되어, 그 부문의 업적수준에 큰 영향을 미친다.

부문체질이 사원에게 미치는 영향은 사풍보다도 강하다

 여기서 말하는 부문체질이란 이른바 사풍이나 기업문화라고 불리는 Corporate Culture와는 다른 것이다. 즉, 영업부나 개발부라는 특정 부문이 갖고 있는 특유의 체질인 부문체질은 회사전체의 문화환경을 가리키는 기업문화보다 범위가 작은 개념이다. 그러면 부문체질이란 기업문화를 단순히 작게 분할한 것이냐 하면 그렇지는 않다. 부문체질은 부하에게 회사 전체의 풍토보다 더욱 강한 영향을 미친다.

부문체질은 리더의 개성을 반영한다

각 부문은 해당 분야에서 고객이나 소비자와 가장 가까운 곳에서 일하고 있다. 시장과의 거리가 가장 짧으므로 현장과의 피드백도 자주 일어난다. 현장정보나 가치관이 부문으로 유입되어 사장실에 장식품처럼 걸려있는 사훈보다도 더욱 유효한 문화를 형성한다. 기업전체의 풍토는 저류지만, 부문에 따라 독자적으로 형성되어 보강되고 세련되어진 명문화되지 않은 문화 바로 그것이 부문체질이다.

물론 그것을 관리하는 사람은 각 부문의 리더이다. 따라서 이들이 멤버에게 미치는 영향력은 사장이나 경영간부보다도 훨씬 강하다고 할 수 있다. 사장이 사풍을 만드는 것과 같이 리더는 부문의 체질을 만들고 그것을 통해 멤버를 인솔해 가는 것이다.

회사전체의 업적은 저조한 상태이지만 어떤 부문이 좋은 성과를 올리고 있는 경우, 그것은 다른 부문과는 다른 조직체질 속에서 그 부문의 리더가 마음껏 리더십을 발휘해서 멤버의 능력을 신장시키고 성과를 이끌어 내고 있는 것이다.

그림 1-2 | 부문체질은 부하에게 강한 영향을 미친다

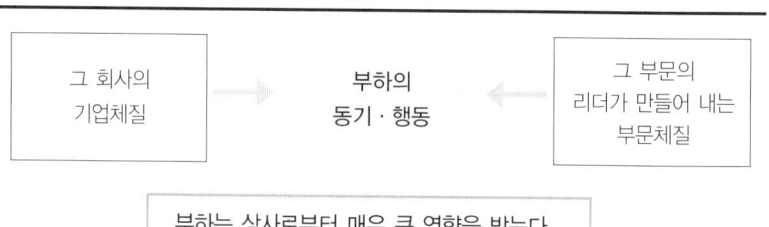

스케일은 작지만 멤버에 대한 분위기 침투도나 영향도가 크고, 보다 직접적인 성과로 연결되며, 또한 리더의 개성이나 행동에 따라 독자적으로 만들어 낼 수 있는 것이 부문체질이다.

2 부문체질은 성과와 직결된다

부하를 집단적으로 동기부여시키는 것이 가능

부하의 말을 듣고 목표나 수준을 설정하고, 행동계획을 작성하며, 명료한 지시를 제시하고, 피드백을 실행하며, 보수나 처벌을 제시하는 등, 리더가 해야 할 일은 많지만 무엇보다도 중요한 것은 부문체질을 만드는 것이다. 부문체질은 구성원 한 사람 한 사람에게 업무의욕을 심어줌으로써 멤버 모두에게 눈에 보이지 않게 집단적인 동기부여를 하기 때문이다.

리더의 언행이 부하의 동기부여나 행동에 큰 영향을 미치는 것은 말할 필요가 없다. 예를 들면, 관리 프로세스에 있어서 상사는 부하에게 목표를 설정해 주면서 기대감을 표명한다. 매일매일 코칭을 하면서 상호관계를 구축하고, 결과에 대한 평가를 인사고과에 반영한다. 그런 각각의 단계에서 리더의 언행은 결정적으로 부하에게 강한 영향을 미친다.

그러나 항상 부하 한 사람 한 사람과 의사소통을 하며 손짓발짓해 가면서 업무를 가르쳐 갈 여유가 유감스럽게도 현재의 기업에게는 없다. 게다가 관리방법상으로도 리더에 의한 1대1의 교습이 항상 효율적이라고 말할 수는 없다.

그림 1-3 | 경영체질과 부문체질의 관계

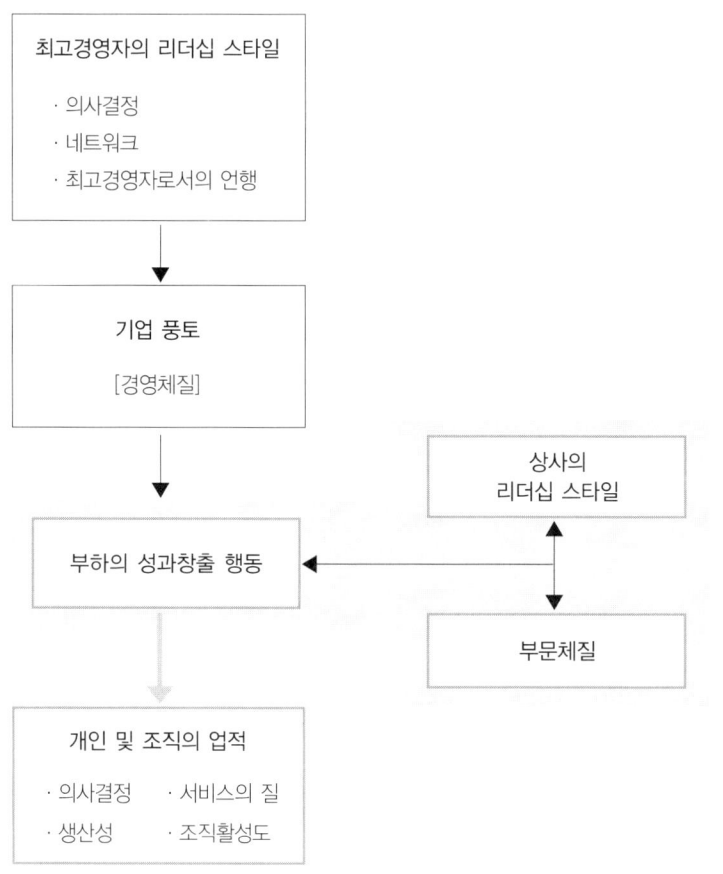

이 때 리더의 사고방식이나 방법론이 조직의 분위기가 되어 풍토로 정착되어 있다면, 부하를 자연스럽게 집단적으로 동기부여시키며 상당히 효율적인 육성법이 되기도 한다. 스피드 중시가 팀의 불문율로 되어 있는 기업의 사원은 상사가 뭐라고 말하지 않아도 자연히 스피드 중시의 비즈니스 스타일이 몸에 배어 있기 때문이다.

리더에 따라 업적은 잘 될 수도 잘못 될 수도 있다

부문체질은 업적을 결정하는 요인으로서도 매우 큰 역할을 하고 있다. 특히 회사의 미래 업적을 예측하는 요인으로는 매우 정확한 판단기준이 되고 있다. 예를 들어, 신흥 벤처기업의 장래성을 판단하는 지표에는 몇 가지가 있다. 상식적으로는 사업계획의 선견성이나 재무내용의 건전성 등이 그 회사의 장래 성장가능성을 예측하는 판단기준이 된다.

그렇지만 우리와 같은 컨설팅회사에서 또 하나 중요시하는 요소가 있다. 그것은 그 회사의 풍토나 체질이다. 신진기업을 예로 들면, Top 리더가 장래에 그 회사를 어떤 회사로 만들려고 생각하고 있는지, 그 Top 리더의 사고방식이 간부와 사원에게 어느 정도 침투해 있는지, 리더의 생각이 체질화되어 뿌리내리고 있는지 등을 중시하는 것이다.

리더의 스타일이 부문체질을 만들고 그 부문체질은 그대로 업적에 연결된다. 리더십과 부문체질은 밀접하게 연관되어 성과로 직결된다. 리더가 부문체질을 형성하고 개선해 나가야 하는 필요성이 거기에 있다.

그림 1-4 ┃ 리더의 사고방식과 행동이 조직의 체질을 결정한다

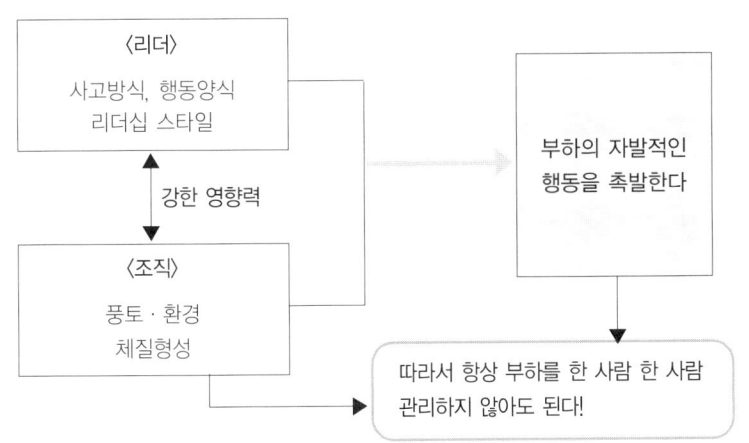

3 업적이 좋은 조직의 부문체질

부문체질을 형성하는 6가지 요소

단지 부문체질이라는 것만으로는 애매하고 추상적인 느낌을 갖게 될지 모른다. 그러나 직장의 환경을 형성하고 또 그 분위기에 영향을 주는 중요한 요소를 헤이그룹에서는 명확하게 정의해서 다음의 6가지로 분류하고 있다.

① 자유도

조직 구성원이 형식주의나 속박감에 얽매이지 않고 어느 정도 자유롭게 일을 해가는 유연성의 정도를 말한다. 새로운 사고방식이나 아이디어가 수용되기 어려운 체질이 있으며, 업무수행에 장애물이 되어 불필요하다고 여겨지는 규칙, 절차, 방침 등이 느껴지는 경우는 유연성이 낮은 것이다.

② 책임감

사원에게 많은 권한이 주어져 있다고 느끼는 정도를 말한다. 상사와 의논하거나 상사의 승인 없이도 사원 스스로의 판단으로 업무수행이 가능하고, 그 결과에 대해서도 책임을 지게 하는 풍토를 말한다. 책임과 권한의 균형 속에서 사원이 '맡겨졌다는 감'을 느끼면서 스스로 책임을 지고 자립적으로 업무를 수행하는 것은 조직의 책임감이 강하다고 말할 수 있다.

③ 목표감

사원들이 달성해야 할 목표와 수준은 명확한지, 목표달성이나 업적향

그림 1-5 | 부문체질을 형성하는 6가지 요소

	정의
자유도	부하가 속박감 없이 업무를 수행할 수 있다고 느끼는가? 새로운 사고방식이 수용되기가 어렵다든지, 업무수행에 장애가 되는 불필요한 규칙, 절차, 방침이나 업무가 있다고 느끼는지 여부
책임감	부하가 많은 권한을 갖고 있다고 생각하는 감각 사원이 상사에게 모든 것을 승인받지 않아도 직무를 수행할 수 있으며, 그 결과에 대해서도 모든 책임을 갖고 있다고 느끼는지 여부
목표감	업적 향상이나 혹은 개인이 최선을 다하는 것을 경영자가 중요시하고 있는가? 그 목표가 개인이나 조직에게 어렵기는 하지만 달성 가능한 내용인지 여부
공평감	사원은 높은 업적에 대해 바르게 평가받으며 각각의 평가에 따라 직접적으로 대우받고 있다고 느끼는가?
방향감	부하가 기대받고 있다는 것을 인식하고 있으며, 그것을 조직의 방침이나 목표와 어떻게 연관지을 것인가를 이해하고 있는가?
일체감	사원이 그 조직의 멤버로서 자부심을 갖고 공통의 목적을 향하여 서로 신뢰하며 협력하는가?

상을 위해서 사원들이 최선을 다하는 것을 경영자가 중요시하는지, 그 목표는 달성 가능한 것인지 등, 사원 한 사람 한 사람이 해야 할 역할과 목표가 확실하게 명시되어 있는 정도를 말한다.

④ 공평감

업적에 대해 정당한 평가가 내려지고 있는지, 그 평가를 기준으로 보수나 대우가 정확히 주어지고 있는지, 사원이 자기가 만들어낸 결과에 대하여 공정한 평가를 받고 있다고 느끼는 정도를 말한다.

⑤ 방향감

조직전체의 비전·전략·계획이 멤버에게 정확히 알려져 있는지, 그리고 그것을 실행하기 위한 멤버 각각의 사명이나 성과책임 등도 명확화되어 있는지에 대한 인지정도를 말한다. 조직의 목표와 개인의 역할 관계가 멤버에게 정확하게 인식되어 있는 부서는 방향감이 높다.

⑥ 일체감

멤버가 그 조직의 일원으로서 자부심을 갖고 공통의 목표를 향해 서로 신뢰하며 협력하고 있는지, 조직의 일체감과 팀에 대한 커미트먼트가 높은 정도를 말한다. 팀에 대한 공헌도, 팀 멤버로서의 프라이드, 업무수행에 있어서의 상호협력, 동료의식이나 상호신뢰 등의 레벨이 높은 조직은 이른바 조직력이 뛰어나다고 할 수 있다.

특별히 중요한 요소는 무엇인가

위에서 기술한 자유도, 책임감, 목표감, 공평감, 방향감, 일체감의 6가지 요소는 무엇보다도 높은 수준으로 더욱 균형 있게 유지되는 것이 이상적이지만, 현실적으로는 무척 어려운 일이다. 그 중에서도 특히 어떤 요소가 필요한 것인지 잠시 생각해 보자.

예를 들면, '공평감'이 명확하게 제시되어 있는 조직에서는 성과와 평가가 함께 연결되므로 멤버는 불공평감을 느끼지 않고 납득하면서 일하기 쉬운 특징이 있다. 반대로, 목표나 역할은 높이 설정되어 있지만 그에 비해 보수가 낮다든지 대우가 소홀하게 이루어지는 풍토에서는 멤버의 불만이 쌓이기 쉽다. 불만요인은 높아지고 의욕은 저하되는 경향이 강해진다.

또 '자유도'가 낮은 부문체질은 멤버의 의욕이나 자발성을 저하시키고 개성이나 능력을 해치게 되어 업적이 저하하는 경향이 있다. 과거의 것에 편중하는 관료주의가 만연하여 새로운 아이디어나 제안이 채택될 여지가 없다. 또한 변화에 대한 적응능력도 부족하고 위험부담으로 허리가 휘청거리는 등, 실적이 좋지 않은 부서에서 많이 볼 수 있는 특징이다.

목표감과 방향감 두 가지는 최소 불가결

좋은 실적을 내고 있는 조직이 특징적으로 갖고 있는 풍토요소로서 '목표감'과 '방향감'을 들 수 있다. 이 두 가지는 최소불가피한 필요조건이라고 말할 수 있다. 게다가 여기에 '일체감'이 더해져 3가지 요소가 되면, 높은 실적을 만들어 낼 수 있는 조건이 구비되었다고 볼 수 있다.

또한 리더십 관점에서 생각해 보면 책임감 요소도 중요시해야만 한다. 이상적인 조직은 멤버 한 사람 한 사람이 자신의 재량과 책임하에 자주적인 판단으로 업무를 진행해 간다. 개인이 '자기 업무의 사장은 자기 자신이다'라는 책임감 있는 주인의식을 갖고 업무수행에 임하는 것이다.

그러기 위해서 리더는 책임감 요소가 침투된 풍토를 만들어 부하를 자립적으로 일할 수 있는 인재로 육성시켜야 할 책무를 가지고 있다. 모두가

그림 1-6 | 고업적 조직에 공통된 3가지 요소

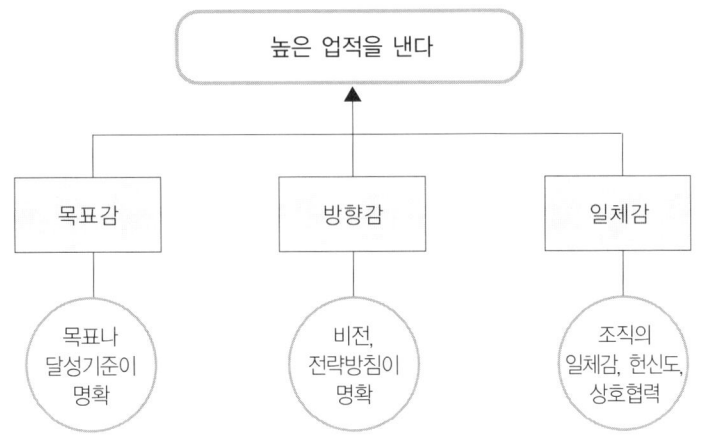

목표를 향해서 자주적으로 일을 해 나간다면, 극단적으로 말해, 리더는 예외의 경우만 관리하면 되기 때문에 관리방법으로서도 매우 효율적이다.

이러한 부문체질 요소는 그 부문의 업적에 큰 영향을 미치고 매출이나 수익성의 재무성과와도 강한 상호 연관성을 갖는다. 물론 부문체질만이 재무개선의 원동력이 되는 것은 아니다. 그렇지만 이런 요소들을 갖고 있는 조직일수록 멤버의 동기부여가 높아져 우수한 실적으로 연결되는 것은 두말할 필요가 없다.

부문체질로부터 조직의 장·단점을 알 수 있다

자유도가 낮은 조직에서는 개혁이 진행되지 않는다

부문체질이 실적과 강한 상호관계가 있으며 높은 업적을 내는 부문체질의 요소가 어떤 것인가에 대하여 전항에서 조금 언급하였다. 그러면 다음에서는 부문체질을 형성하는 각각의 요소가 구체적으로 어떤 조직특성으로 표현되며 어떤 성과로 연결되기 쉬운지에 대해 6가지 요소별로 살펴보자. 즉, 어떤 요소를 강하게 갖고 있는(혹은 어떤 요소가 부족한) 조직이 어떤 장점이나 단점을 지니면서 이점이나 문제점을 발생시키기 쉬운지에 대하여 생각해 보기로 하자.

그것을 살펴봄으로써 조직의 강력함이나 허약함이 확실시되고, 그것은 그대로 조직이 갖고 있는 개선과제나 결점으로 연결될 수도 있는 것이다. 따라서 독자들은 자신의 조직이 이런 요소가 부족하여 이런 면에 문제점이나 개선점이 있으며, 그것을 어떻게 변화시켜 나갈 것인가에 대해 문제의식을 갖고 다음의 항목을 읽어 보았으면 한다.(개선방법에 대해서는 5장에서 소개한다)

우선 '자유도'이다. 이 요소가 강한 풍토는 새로운 사고나 아이디어가 비교적 쉽게 수용될 수 있는 부문체질이 형성되어 있으므로, 일을 진행하는 데 있어서의 규칙이나 절차가 최소화되는 특징이 있다. 역으로 말하면, 자유도가 낮은 조직은 유연성이 결핍되어 있어서 창의적인 연구가 인정되지 않는 체질이 형성되기 쉽다.

예로서, 어느 기업의 유통창고 건설비용이 너무 높게 책정된 원인은 창고 시멘트 벽을 20년 전의 설계기준 두께로 했기 때문이었다. 현재는 기술진보로 인해 반정도의 두께로도 같은 정도의 내성을 유지할 수 있으므로 비용도 2억원 정도 삭감할 수 있다고 부하가 제안을 했다. 그러나 상사는 지금까지의 기준으로도 특별한 문제나 부족함이 없으며 게다가 벽이 얇아지면 안전성도 낮아질지 모른다며 부하의 새로운 제안을 그 자리에서 바로 거절하였다. 안전성 실험이나 비용계산조차 하지 않은 것이다.

이 경우, 단기적으로는 비용혁신이 이루어지지 않는 문제점이 떠오르는

그림 1-7 | 부문체질 '자유도'를 체크한다

- 불필요한 규칙·절차가 존재하는 것은 아닌가?
- 멤버가 납득하기 힘든 제약·장애가 존재하여 그것에 분투하거나 대결해야만 한다고 느끼고 있지 않은가?
- 업무를 혁신하거나 새로운 아이디어를 수용하는 것이 비교적 쉬운가?
- 경영자로서 업무를 달성시키는 것과 규칙을 따라가는 것 중 어느 쪽에 보다 중점을 두고 있는가?

한편, 장기적으로는 아래에서 새로운 제안이나 의견을 제시해도 위에서 들어주지 않으므로 어차피 소용없다는 포기감이 멤버간에 만연해져서 조직이 전례답습주의에 봉착해 버리게 될 것이다. 그 결과, 현장개선을 매우 두려워하고 융통성이 모자라는 부문체질이 형성되어 결과적으로 실적저하를 초래하기 쉽다.

따라서 리더는 자신의 조직 내에 불필요한 규칙이나 절차가 존재하는지, 부하가 낸 아이디어의 수용이나 업무혁신에 소극적이지 않는지, 부하의 업적을 달성시키는 것보다 규칙을 지키는 것에 더 열중하는 것은 아닌지 등을 체크해서 조직의 자유도를 방해하는 것은 없는지 생각해 볼 필요가 있다.

책임감이 낮은 조직은 스피드 부족

다음의 '책임감'은 '맡겨진 느낌'이다. 따라서 이 요소가 높은 풍토에서는 권한이양이 충분하게 이루어져서, 부하가 스스로 행동하고 최후까지 책임을 갖고 업무를 수행할 수 있는 특성이 나타난다. 부하의 자발성을 높여서 상사의 지시 없이도 부하 스스로 권한과 책임을 갖고 업무를 진행해 가는 풍토가 형성된다.

반대로 책임감이 낮은 풍토에서는 부하가 올바르게 일을 처리하고 있는데도 상사의 세밀한 체크가 개입되는 경우가 있다. 예를 들어, 상사가 없는 동안에 고객으로부터의 클레임을 부하 자신의 판단으로 처리한 경우에, 그것이 잘못 처리된 것이라면 말할 필요가 없지만 올바르게 처리를 했는데도 불구하고 상사의 승낙 없이 처리한 것으로 인해 화를 내는 리더가 있는 조직에서는 이 책임감이 형편없게 된다.

또한 책임감이 부족한 조직에서는 거래처나 고객보다도 상사의 생각이나 반응을 중시하는 분위기가 조성되기 쉽다. 이와 같은 경우가 계속되면 외부로부터의 반응보다도 상사의 안색을 먼저 살핀다거나 상사의 명령이나 결정을 기다리는 지시대기 체질이 형성된다. 그 결과, 적절한 의사결정이 지연되고 잘못된 판단으로 인해 상담의 기회나 납기를 놓쳐 버리게 된다. 게다가 상사의 재량을 하나하나 얻어야 되므로 조직의 스피드가 떨어지는 결점을 갖기 쉽다. 물론 부하의 책임감이나 능력 자체도 떨어지기 쉽다.

따라서 리더는 멤버에게 충분하게 권한위임을 하고 있는지, 상사의 지시나 요구 없이도 멤버 자신의 생각과 판단하에 행동하고 있는지, 인정된 범위 내에서의 위험부담 등을 장려하고 있는지 등을 체크해서 책임감의 풍토를 높이는 리더십을 발휘해야 한다.

그림 1-8 | 부문체질 '책임감'을 체크한다

- 중요한 업무가 사원에게 권한이양되고 있는가?
- 한 사람 한 사람이 항상 상사에게 체크를 받지 않아도 스스로 사고하면서 행동하도록 기대되고 있는가?
- 개인이 스스로의 판단으로 계산/상정된 범위에서의 위험을 부담하는 것이 장려되고 있는가?
- 멤버 개인에게 스스로의 노력으로 이뤄낸 업무의 최종결과(성공/실패를 포함한)까지 포함하는 책임을 맡기는 경우가 있는가?

목표감이 높을수록 잠재력을 이끌어낼 수 있다

'목표감'이 높은 부문체질에서 경영상의 최대중점 목표는 성과향상과 도전적인 목표설정에 있다. 멤버는 높은 업적수준을 향해 스스로 의욕적인 높은 수준의 목표설정을 하고 그것을 향해 행동해 가는 부문체질인 것이다.

어느 기업의 부문에는 이 목표감이 침투해 있어서 때로는 상사와 부하의 의욕이나 역할이 역전되어 나타나는 경우도 있다. 상사가 '업계 자체가 너무 신장되어 있으므로 다음 기는 이번 기보다 달성목표를 10% 증대하자'고 제안했을 때, 부하는 '아니오. 시장이 활기차므로 이번 이상으로 열심히 한다면 30% 증가도 가능하다'면서 상사를 부추기는 경향이 강하다. 이런 조직은 목표감이 높아서 업적의 비약적인 향상으로 연결되기 쉽다.

반대로 목표감이 낮은 조직에서는 '지금 이대로 괜찮아, 평균정도를 취하면 OK'라는 분위기가 만연해져 성과가 낮은 부류로 끝나버린다. 당연히 성장할 수 있는 부하도 성장하지 못하고 그들의 잠재능력을 살려낼 수 없는 경우가 많다.

요컨대 부하 한 사람 한 사람이 '높은 수준의 목표달성의식 = 성과인식'임을 자각하고 있는 조직은 목표감이 뛰어나다고 말할 수 있다. 특히, 그 목표는 시간이 제한되어 있음을 인식하는 것이 중요하다. 즉, 1년 이내 혹은 반년 이내 등의 한정된 기한 내에 기대하는 숫자를 달성해야 한다는 중요성을 부하가 확실하게 마음에 새기고 있는 것이다. 그래서 그것이 위로부터의 강제적인 것이 아니고 자발적인 의사라는 점에서 이른바 목표감이라는 기준과는 다른 것이다.

업적향상을 전면에 내놓고 있는지, 의욕적인 목표설정을 하고 있는지, 목표나 계획수립에 부하의 참여기회가 주어지는지, 그 시기는? 목표감을

| 그림 1-9 | 부문체질 '목표감'을 체크한다

- 상사는 업적향상을 전면에 내놓고 있는가?
- 업무상 실현 가능한 도전적인 목표를 설정하고 있는가?
- 각자가 목표설정이나 계획수립에 참여하는 기회가 있는가? 적절한 시기에 목표설정을 하고 있는가?
- 목표달성 상황에 대한 진척상황이나 피드백을 각자 수용하고 있는가?

형성하기 위해서는 리더가 그런 점들을 마음에 새겨둘 필요가 있다.

공평감이 높으면 멤버의 의욕이 상승된다

'공평감'이란 업적에 대해 정당하고 공평한 평가가 이루어지는 부문체질이다. 예를 들어, 부하가 상사로부터 평가나 격려를 받는 기회가 질책이나 비판을 받는 기회보다 훨씬 많은 조직은 공평감이 높지만, 그렇지 않은 조직은 공평감이 낮다고 말할 수 있다.

또는 우수한 업무실적이 보수나 승진에 대부분 반영된다면 공평감이 높은 조직이다. 이것을 바꾸어 말하면, 평가가 조직이나 목표에 대한 공헌도에 정비례하여 이루어지고 있는지, 멤버가 정당한 보상감을 느끼고 있는지 등이 공평감의 높고 낮음에 대한 기준점이 된다.

따라서 공평감이 낮고 공적이 바르게 평가되지 않는 부서 예를 들면, 업적이 높은 사람보다 요령이 좋거나 상사가 좋아하는 사람이 높은 평가를 받는 조직에서는, 멤버의 의욕이 저하되고 조직의 활력도 없어져서 조직에 대한 커미트먼트가 희박한 본질이 형성되고 이는 인재유출로까지 연결되기 쉽다.

또한 보상감이라는 것은 단지 보수나 승진만을 의미하는 것은 아니다. 하루의 영업을 끝내고 회사로 돌아왔을 때 주위로부터 '수고했어', '아주

그림 1-10 | 부문체질 '공평감'을 체크한다

- 대체로 칭찬하는 경우가 벌하는 경우보다 더 많다고 생각되는가?
- 업적 수준·질이 평가나 보수에 직접 반영되는가?
- 최고의 업적 달성자에 대해 경영자는 그 가치를 칭찬하고 명확하게 인정을 하고 있는가?
- 좋은 업적을 올리는 것이 사원 개인의 성장촉진 기회와 연결되고 있는가?

잘했어'라는 감사나 위로의 말을 듣기 어렵다. 이런 조직에서 멤버는 자신이 수행한 일이 조금도 인정받거나 평가받지 못한다는 소외감이나 허탈감을 갖기 쉽다.

반대로 이야기하면, 말 한마디로도 부하의 보상감을 높일 수 있다는 것이다. 따라서 리더는 부하가 하고 있거나 할 수 있는 것에 대해 당연하다는 태도를 보여서는 안 된다. 항상 먼저 말을 걸어 칭찬하고 격려하며 기운을 북돋아줘서 부하의 기여도를 평가하고 그들의 보상감을 높이기 위해 노력해야 한다.

방향감이 높으면 부서와 멤버의 목표가 일치

멤버는 자신들에게 기대되고 있는 것이 무엇이며 그것이 부서전체의 임무에 어떻게 공헌하고 있는지를 명확히 이해하고 있다. 또한 조직의 방침·방향성, 계획, 방법, 목표가 확실하고 그것을 실행하는 개인의 사명이나 역할, 권한이나 책임도 전체적으로 명확하게 구분되어 모두가 정확히 파악하고 있다. 이런 부서는 방향감이 높은 풍토를 만들고 있다고 말할 수 있다.

이렇게 방향감이 높고 낮음을 측정하는 데 있어서 예를 들어, 무엇을 위해 일을 하고 부서가 존재하는가에 대해 멤버에게 그 이유를 물어보는 것도 하나의 방법이다. 즉 조직의 목표나 개인의 목적을 물었을 때, 급료를 받기 위해서라든지 그것이 업무이기 때문이라고 하는 소극적이거나 수동적인 이유가 아니라 자발적이고 자율적인 이유를 명확히 말할 수 있다면, 그 부서는 방향감이 뛰어난 풍토가 형성되어 있다고 할 수 있다.

급료를 받거나 숫자를 올리기 위한 것 이외의 이념이나 아이디어를 멤버가 일이나 조직에서 자발적으로 찾아내고 있다고 생각할 수 있기 때문이다. 게다가 그 개인의 목적이 따로따로 고립해 있지 않고, 조직전체의 목표를 달성하기 위해 유기적으로 연관되어 있다.

이와 같이 생각해 보면 방향감이란, 무엇을 위해 무엇을 해야 하는가를 개인수준과 부서수준 모두에서 정확히 인식하고 있고, 동시에 그 양쪽의 연계성 사이에서의 위치가 정확히 정해져 있는 정도를 말하는 것이다.

따라서 방향감이 낮은 체질이 형성되면 부하의 역할의식이나 자발성이 저하되어 조직으로서의 구심력도 약해지게 된다. 또 조직의 목표와 개인 역할간에 정확한 연관이 이루어지지 않아서, 멤버는 자신의 일이 조직에 어떻게 공헌하는지를 잘 이해하지 못한 채 업무를 수행해야만 한다.

방향감을 높이기 위해서 리더는 멤버에게 조직전체의 비전이나 방향성과 그것을 달성하기 위한 개인의 역할이나 사명을 명확히 이해시키고, 조직과 개인 양쪽의 목표 벡터(vector)를 일치시켜야 한다.

그림 1-11 | 부문체질 '방향감'을 체크한다

- 멤버는 자신에게 기대되고 있는 것을 명확히 이해하고 있는가?
- 멤버는 자기 자신이 부서 사명(Mission)에 어떻게 공헌하고 있는가를 이해하고 있는가?
- 멤버는 일이 체계화되어 있다고 느끼고 있는가?
- 목표, 방침, 방향성, 권한라인이 명확히 정해지고 또한 이해되어 있는가?

일체감은 조직의 정보공유를 높인다

'일체감'이란 업무상으로 연결되는 것이 아니라 멤버간에 인간적으로 (정서적이라 해도 좋다) 연결되는 것으로서, 멤버간에 서로를 연결시키는 친밀감이나 신뢰감이 존재하는 것을 의미한다.

앞에서 말한 방향감이 조직목표에 대한 커미트먼트를 가리키는 것인 반면에, 이 일체감은 조직에 대한 소속의식과 멤버로서의 자부심 등을 나타내는 것이다. 따라서 일체감이 높은 조직의 멤버는 조직에 대해 충실하고 자신이 속한 조직에 자부심을 느낀다. 또 다른 멤버의 일을 적극적으로 도와주며 서로 협력하는 것을 마다하지 않는 부문체질이 형성된다.

자기희생이나 정서적인 유대감 등이 현대의 기업조직에서는 희박하며 또한 필요하지 않다고 생각할지도 모른다. 그러나 멤버간에 존경심이나 친밀감과 신뢰관계로 연계되어 있는 조직은 조직에 대한 동기부여와 가능성이 무척 높다. 예를 들어, 업무를 수행하는 데 있어서도 멤버간의 커뮤니케이션이 잘 이루어지기 때문에 정보의 공유가 증대된다.

또 서로 보완하고 돕는 풍토가 형성되어 일의 대체성이 높다는 이점이 있다. 한 사람이 쉬는 날이면 그 일을 다른 누군가가 해줄 수 있는 자기희생 정신이 발휘되기 쉽고, 그 결과로 조직의 업무효율이 오르고 개인의 책임감도 강해진다.

그림 1-12 | 부문체질 '일체감'을 체크한다

- 업무를 달성하기 위해 멤버간에 효과적으로 노력하고 있는가?
- 업무활동에 대한 대립은 효과적으로 해소되고 있는가?
- 상호신뢰, 긍지, 동료에 대한 존경심이 직장에 존재하는가?

그림 1-13 | 부문체질을 구성하는 6가지 요소

	높다	낮다
자유도	새로운 아이디어가 비교적 쉽게 수용된다. 또 불필요하고 과다한 규칙·절차는 최소한으로 한정되어 있다.	새로운 아이디어와 방법이 수용되는 경우는 거의 없다. 또 불필요한 규칙·절차, 피라미드형의 계층조직이 존재해서 업무수행에 장애가 되는 경우가 많다.
책임감	상사는 부하가 스스로 행동을 시작하고 그 결과까지 책임지고 행동할 수 있도록 맡긴다.	상사는 가령 부하가 올바른 대응 방법을 취하고 있어도 그 일에 대하여 모든 체크를 한다.
목표감	경영상의 최대 중점은 업적을 향상시키거나 도전할 수 있는 목표를 설정하는 것에 있다.	업적을 올리거나 도전적인 목표를 설정하는 것에 경영상 그다지 중점을 두지 않는다.
공평감	평가나 격려를 받는 기회가 위협이나 비판을 받는 기회보다도 빈번하다. 보수 승진에 업무업적의 우수함이 거의 직접적으로 반영된다.	위협이나 비판을 받는 기회가 평가나 격려를 받는 기회보다 빈번하다. 보수 승진에 업무업적의 우수함이 반드시 반영되지는 않는다.
방향감	부서 멤버는 자신의 임무를 명확히 이해하고 있다. 방침·방향성이나 권한라인이 명확하고, 계획입안·책정의 질이 높고, 고생산성으로 연결된다.	방침·방향성이나 권한라인은 불명확하다. 부서 멤버는 자신들에게 기대되고 있는 것에 대해 명확한 사고를 갖고 있지 않다.
일체감	멤버는 자신의 부서·조직에 대해 충실하고 멤버로서의 자부심을 느낀다. 멤버는 자진해서 협력하고 서로 돕는다.	자신의 부서에 대해 충실감·자부심이 낮다. 멤버간에 협력하려는 자세가 부족하다.

그런 의미에서 일체감의 인간적인 면이 반드시 비합리적인 것은 아니며, 일의 진행이나 인재육성에 있어서 지극히 합리적인 것이라고 말할 수 있다. 개개인은 확실히 유능하지만 동료를 비판하거나 상사와 자신의 이해관계만을 생각하는 조직보다도, 동료의식과 팀워크가 뒷받침되어 활력 넘치는 조직을 만들기 위해서 리더는 일체감을 양성할 필요가 있다.

덧붙여서 이 일체감은 부문체질의 형성요소이기보다는 지금까지 기술한 5가지 요소의 실현에 의해 형성되는 결과적인 부문체질이다. 즉 자유도, 책임감, 목표감, 공평감, 방향감이라는 풍토가 어느 정도 형성되어야 조직에 일체감이 생겨나는 것이다.

2
6가지 리더십 스타일

1. 리더십 스타일이란 무엇인가
2. 리더십 스타일을 학습하면 당신의 지도력은 어떻게 변화하는가?
3. 리더십 스타일을 어떻게 적절히 사용할 것인가?
4. (1) 지시명령형 스타일의 특징
5. (2) 비전형 스타일의 특징
6. (3) 관계중시형 스타일의 특징
7. (4) 집단운영형 스타일의 특징
8. (5) 규범형 스타일의 특징
9. (6) 육성형 스타일의 특징
10. 리더십은 행동으로 보여줌으로써 비로소 효과가 나타난다
11. 리더가 변하면 부문체질이 이렇게까지 변한다

제2장
6가지 리더십 스타일

1. 리더십 스타일이란 무엇인가

상황에 맞춰 적절히 사용함으로써 효과가 높아진다

연공서열에서 성과주의로 전환되면서 중견리더의 역할이 변한다는 것은 이미 언급하였다. 예전과 같이 업무관리를 위주로 하는 리더는 통용되기가 어려우며, 부하에게 비전을 제시하고 이끌어 가는 리더가 필요하다. 그렇다고 한 가지 리더십 스타일만을 고집하거나 고정화된 관리방법으로 부하를 이끌어서는 높은 성과를 내기 어렵다. 또한 그렇다면 리더로서 미숙하다고 말할 수 있다.

성과주의 시대의 리더는 복수의 리더십 스타일을 상황에 맞춰 적절히 사용해야만 한다. 정형화된 업무가 중심을 이루던 시절에는 고정된 리더십 스타일만으로도 문제가 없었지만, 혼란스럽게 변해가는 시장에 유연하게 대처하기 위해서는 리더십의 내용이나 방법도 상황에 맞게 자유자재로 변해야 하기 때문이다.

　실제로 헤이그룹 조사에서도, 높은 실적을 올리는 우수한 리더는 한 종류의 리더십 스타일만을 고집하지 않고 복수의 스타일을 적절히 조합해서 사용한다는 것을 알 수 있다.

　그것은 골프채를 적절히 사용하는 것과 유사하다. 장거리를 치고 싶을 때, 필드에 가까이 대고 싶을 때, 퍼트를 목표로 할 때 등, 우리들은 그 상황이나 과제에 가장 적합한 골프채를 선택해서 결과적으로 좋은 성적을 올리려고 한다. 리더십 스타일도 마찬가지이다.

　결국 멤버의 숙지도, 업무의 긴급도, 조직의 복합도 등에 따라서 요구되는 리더십 스타일은 달라진다. 예를 들어 신임 혹은 짧은 경력의 부하가 많은 조직이라면, 다소 강제적인 지도방법을 택해 업무기초부터 가르치면서 강하게 동기부여를 해가야만 한다.

　그러나 부하들이 성장하게 되면 부하의 자주성을 존중해서 리더는 일의 진척상황을 가끔 체크하고 적정한 어드바이스를 주는 정도로 해야만 업무진행이 순조롭게 된다. 당연한 것이라고 생각할지 모르겠지만 이것은 현장에서 매우 어려운 일이다.

　자동차교습소의 교관과 같이 늘 곁에서 손동작과 발동작을 가르쳐야 하는 경우, 배의 선장과 같은 사령탑 역할을 계속 해야 하는 경우, 스스로 모범을 보이면서 부하를 선도하는 편이 효과적인 경우, 아웃트라인만을 전달하고 다음은 부하 스스로 노력하도록 하는 경우 등에 해당된다.

　각각의 상황에 맞는 효과적인 매니지먼트 방법을 유연하고 적절히 사용해야만 유능한 리더라고 말할 수 있다.

리더십 스타일의 6가지 분류

　헤이그룹은 리더십 스타일을 크게 6가지로 분류하고 있다. 지시명령형,

비전형, 관계중시형, 집단운영형, 규범형, 육성형이 그것이다. 물론 이 중에서 어느 것이 더 우수하고 또한 어느 것이 뒤떨어지는 것은 아니다. 반복되는 이야기지만 비즈니스 장면, 업무내용, 종업원 수, 종업원 능력, 사업의 성장단계 혹은 비즈니스 경쟁상황 등을 종합해서 가장 적당한 리더십 스타일을 취해야 한다.

따라서 이 6가지는 고정적인 타입이 아니라 상황에 맞춰 선택해야 하는 스타일이다. 어떤 장면에 어떤 스타일이 가장 효과적인가를 숙지하고, 상황이나 과제에 따라 적절히 사용하는 것이 이상적이다.

가장 자신 있는 리더십 스타일이란?

리더십 스타일에는 6가지 종류가 있으며, 그 중 어느 것에 가장 자신이 있는가는 사람에 따라 각각 다르다. 지시명령형 스타일에 자신있는 리더가 있는 반면, 비전형 스타일에 능숙한 사람도 있을 것이다.

그러나 자신이 어떠한 리더십 스타일을 발휘하고 있는지에 대해 스스로는 모르고 있는 경우가 많다. 누구라도 자신이 어떤 타입의 리더라고 인식은 하고 있지만 자기평가는 자칫하면 부정확해진다.

그래서 '리더십 스타일 자기진단 테스트'를 통해 자신의 리더십 스타일을 알아 볼 수 있다. 물론 리더십 스타일을 노력이나 경험에 의해 크게 변화(variation)시키는 것은 가능하지만, 현재 어떤 리더십 스타일에 자신이 있는지를 파악해 놓는 것은 리더십을 개발할 때 유용하다.

주의해야 할 점은 이 테스트가 '당신의 리더십 스타일은 무엇이다' 라고 단정짓는 것은 아니라는 것이다. 어디까지나, 어떤 비즈니스 장면에서 어떤 행동을 취하는지, 실제의 행동특성을 기본으로 어느 스타일에 자신이 있거나 없는지, 자신의 리더십에 대한 특징이나 경향을 종합적으로 알아보기 위한 것이다.

그림 2-1 | 리더십 스타일 자기진단 테스트 채점

채점방법
6~7page에서의 진단결과를 A는 4점, B는 2점, C는 1점으로 계산해 주십시오. 다음으로 데이터 점수를 합산해서 가장 하단에 기입해 주십시오.

1	2	3	4	5	6
7	8	9	10	11	12
13	14	15	16	17	18
19	20	21	22	23	24
지시명령형	비전형	관계중시형	집단운영형	규범형	육성형

합계

당신의 리더십 스타일의 그래프화
당신의 리더십 스타일의 평점합계를 6가지의 리더십 스타일별로 아래 도면에 막대그래프로 작성해 주십시오.

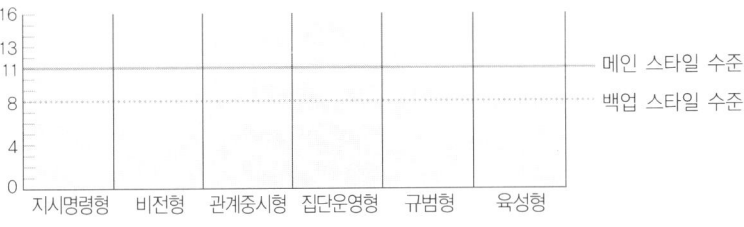

분석방법
11점보다 높은 리더십 스타일이 메인 스타일(당신이 가장 많이 사용하는 리더십 스타일)이다. 메인 스타일이 여러 개인 경우에는, 대응하는 상대의 상황에 맞춰 당신에게 가장 어울리는 스타일을 선택해서 사용하고 있다고 생각할 수 있다. 또 메인 스타일 다음으로 높은 점수를 얻고 또한 8점보다 높은 리더십 스타일이 당신의 백업 스타일(메인 스타일이 효과적이지 않은 부적합한 경우에 사용하는 리더십 스타일)이다.

그림 2-2 | 6가지 리더십 스타일의 특징

① 지시명령형 스타일

특징	이야기 한대로 하라 – 멤버에게 즉각적인 복종을 요구한다.
효과	단기적인 목표감을 강화
사용 타이밍	리스트럭쳐링 추진, 긴급사태, 비교적 단순한 업무

② 비전형 스타일

특징	내 생각대로 따라 오라 – 단정적이지만 공정하고 명확한 장기적인 비전을 제시한다.
효과	중장기적인 방향감을 강화
사용 타이밍	변혁이 필요할 때

③ 관계중시형 스타일

특징	사이좋게 일하자 – 멤버간의 화합을 중시한다.
효과	정서적인 일체감을 향상
사용 타이밍	업적이 좋을 때, 스트레스가 쌓인 직장

④ 집단운영형 스타일

특징	모두 어떻게 생각하나? – 부하의 커미트먼트를 중요하게 생각한다.
효과	일체감·책임감을 강화
사용 타이밍	부하의 자립성이 높고, 부하가 유능하고 의욕적일 때

⑤ 규범형 스타일

특징	내가 하는 대로 하라 – 규범을 제시하면서 부하에게 자기관리를 요구한다.
효과	목표감의 향상
사용 타이밍	자기 자신이 그 분야의 전문가, 담당업무를 가지고 있는 리더의 초기적 단계, 자신과 같은 인간을 육성하고 싶을 때

⑥ 육성형 스타일

특징	이렇게 해보면 어떨까? – 장기적인 시점으로 부하를 육성한다.
효과	일체감·책임감을 강화
사용 타이밍	중장기로 육성할 수 있는 상황, 부하의 학습의욕이 높을 때

2. 리더십 스타일을 학습하면 당신의 지도력은 어떻게 변화하는가?

부하에게 당신의 방법론을 침투시키는 것이 가능하다

앞에서 기술한 바와 같이, 리더십 스타일을 습득할 때 중요한 것은 지시명령형 스타일, 비전형 스타일, 관계중시형 스타일, 집단운영형 스타일, 규범형 스타일, 육성형 스타일의 6가지 리더십 스타일 중 어느 한 가지에 구애받지 말고 몇 가지 스타일을 상황에 맞춰 적절히 사용하는 것이다. 여기에서는 리더십 스타일을 적절히 사용하게 되면 어떤 효과를 얻을 수 있는지에 대해 설명해 보고자 한다.

리더는 부하에게 관심을 보이고 배려를 하는 것이 중요하다. 또한, 부하의 능력, 성격, 습관 등을 관찰해서 파악해 두는 것도 리더에게 불가피한 요건이다. 그러나 부하를 주시하는 것뿐만이 아니라 부하에게 자신을 보여 주는 것 역시 중요하다.

부하에게는 자신의 상사가 어떤 사람이며 어떤 업무방식을 취하고 어떻게 부하와 접촉하는지가 최대의 관심사라고 해도 과언이 아니다. 표면적으로야 어쨌든 내심으로는 그것을 주시하고 있는 것이다.

따라서 리더가 자신의 의도나 방침을 반영한 태도나 언행을 스스럼없이 부하에게 보여줌으로써 얻게 되는 효과는 예상외로 크며, 백 번 말하는 것보다 설득력이 있다. 그래서 항상 부하의 시선을 의식하고 자신의 언행을 통제함으로써 부하에게 무언의 방법론을 가르치면서 침투하는 것이다. 이러한 방법은 비전형 스타일 혹은 규범형 스타일에 해당한다고 할 수 있다.

부하의 진실한 마음을 이해할 수 있다

그리고, 한편으로는 이런 스타일을 취하고 다른 한편으로는 부하의 의견이나 요청에 잘 귀기울여 주는 관계중시형 스타일과 집단운영형 스타일의 방법도 채택한다.

예를 들면, 부하와 시선을 마주하면서 그들의 이야기를 들어 준다. 자신이 평사원 시절이나 젊었을 때, 무엇이 불만이었고 무엇이 즐거웠으며 무엇에 보람을 느꼈었는지, 상사의 어떤 부분이 믿음직스러웠거나 마음에 들지 않았는지, 그런 것들을 돌이켜 보며 지금의 부하의 심정을 추측해 보면서 부모가 되어 얘기를 들어 준다. 혹은 부하가 말로 표현한 것보다 말로 표현하지 않은 것들을 추측해 보면서 그 의미를 생각해 본다. 부하가 상사에게 말한 것보다 말하고 싶었지만 말할 수 없었던 것이 훨씬 더 많았을 것이다.

관계중시형 스타일과 집단운영형 스타일의 리더십을 취하면 부하의 마음 속에 감춰져 있는 생각과 심리를 짐작해 보는 것이 가능하다.

연상의 부하와도 양호한 관계가 구축된다

성과주의가 널리 확산되면서 연상의 부하를 두는 케이스도 증가하고 있다. 이렇게 자신보다 커리어가 많은 연상의 부하를 다루는 것에 어려움을 겪고 있는 리더가 적지 않다. 그런 경우에는 연상의 부하를 상담역으로 내세워서 여러 가지 상담을 통해 지혜를 빌리거나 경험을 이끌어 내는 것이 효과적이다.

그러한 집단운영형 스타일의 태도는 베테랑 부하들에게 자신들의 존재의식을 재확인할 수 있게 만들어 그들의 의욕을 활성화시키며, 연하의 부하들에게도 좋은 표본이 된다. 결국 연상의 부하에게 접근하는 방식을 연구해야 육성형 스타일의 리더십을 발휘할 수 있다.

부하를 육성하는 '질책법'을 습득할 수 있다

집단운영형 스타일을 취하면서 때로는 지시명령형 스타일과 같은 태도로 부하를 꾸짖는 것도 리더십을 적절히 사용하는 데 불가피하다. 전 도시바 회장인 도코우 토시오는 '칭찬도 꾸짖지도 않는 관리자는 구제할 수 없다'고 말했다. 요즘에는 칭찬하는 것에는 능숙해도 꾸짖는 데는 서투르거나 아예 부하를 꾸짖지 않는 리더가 많다.

그러나 칭찬하는 것과 마찬가지로 야단치는 것도 부하육성의 중요한 비료가 된다. 야단을 칠 때는 부하의 인격까지 모독하지 말고 행위만을 야단친다. 야단치는 것과 화내는 것을 혼동하지 말고, 사람들 앞에서 화내지 않는다. 또한 다른 사람과 비교하면서 야단치지 않는다.

그림 2-3 | 리더십 스타일의 사고방식

절대적으로 좋고 나쁜 스타일은 없다
직무의 내용, 종업원 수, 종업원 능력, 사업의 성장단계나 경쟁상태 등에 따라 효과적인 스타일이 달라진다.

리더십 스타일의 기본적인 사고방식
1 자신의 리더십 스타일 특징(패턴)을 알아낸다. 2 왜 그런 리더십 스타일이 되었으며, 그 스타일을 결정짓게 한 행동(behavior)를 추정한다. 3 그 행동을 취한 근거나 상황을 생각한다.

야단을 친 후에는 사후처리를 게을리 해서는 안 된다는 점에 유의한다. 그렇게 한다면 야단친다는 행위에 있어서의 인재육성 효과가 훨씬 높아진다.

3 리더십 스타일을 어떻게 적절히 사용할 것인가?

목적에 맞게 어울리는 스타일을 선택한다

복수의 리더십 스타일 중에서 상황에 맞춰 적절하게 선택해서 사용하는 간단한 시뮬레이션을 생각해 보자.

어느 일용품 판매회사의 영업2과는 이미 5기 연속으로 매출목표가 미달되어 지금까지의 책임자가 경질되고 팀 의식과 멤버의 사기까지도 저하된 상태였다. 여기에 신입리더 C씨가 부임해 왔다. C씨는 경영간부로부터 매출회복이라는 지상명령을 부여받았으며 그 유예기간이 그다지 길지 않았다. 그가 급히 착수해야만 하는 것은 문제점 파악과 조직 활성화, 멤버 의욕 재구축이었다. 그래서 우선 C씨는 점심시간 등을 이용해 부하 한 사람 한 사람과의 면담기회를 만들어 부하의 의욕·능력·성격 등을 알아내고, 현 상황에 대한 요망이나 불만을 듣는다. 물론 그것만으로 멤버의 능력이나 인간성을 충분히 파악할 수 있는 것은 아니다.

그보다도 각 개인과의 미팅을 통해 그들의 생각이나 요망에 귀를 기울인다. 그러한 개인중시의 자세를 보여줌으로써 그 조직은 위로부터 일방적으로 지시명령이 내려지는 것이 아니라 상사도 함께 노력한다는 자세를 명확히 한다는 데 중점이 있다.

그래서 'Conut on Me!' 상사인 나도 전력으로 계산해도 좋다는 태도를 부하에게 확실히 나타내는 것이다. 즉 처음에는 관계중시형 스타일을 사용해 개인존중의 자세를 조직에 침투시키고 조직의 결속력을 도모한다.

문제의식을 공유하기 원할 때는 집단운영형 스타일

그 다음에, 전체 회의나 미팅을 집중적으로 개최하여 팀 의식 공유를 도모하고, 조직의 문제점을 밝혀내 과제나 해결책을 찾아낸 후 팀 전원이 실행하게 만든다. 회의의 진행방법은 Bottom up 우선의 집단운영형 스타일을 사용한다.

팀원 모두에게 의사결정 과정을 공개하여 각각의 요건에 대해 부하들이 자유스럽게 의견을 내면서 의사결정을 해나간다. 비효과적이라고 생각할 수 있는 의견이 다수를 차지해도 C씨는 끝까지 자신의 개인적인 의견이 참견으로 여겨지지 않도록 자신의 생각을 말할 때는 어디까지나 하나의 의견을 제안한다는 자세를 잃지 않는다.

시간은 걸리지만 여기에서 결정된 사항이 후에 계획실행의 핵심과 지침이 된다. 전원이 함께 결정했다는 참여의식과 공유의식을 강하게 느끼도록 하는 것이 무엇보다 중요하며, 그것은 그들의 의욕이나 사기의 뿌리가 된다.

또 그렇게 미팅을 하면서 C씨는 어떤 부하가 어떤 면에 능력이나 특성을 가지고 있는지를 간파하였다. 즉 훌륭한 발상을 갖고 있는 사람, 프리젠테이션에 능숙한 사람, 리더십이 뛰어난 사람이 누구인지를 구분하여 거기에 맞게 업무분담 팀을 재편성하는 청사진을 그린다.

역할을 명확히 제시할 때는 비전형 스타일

그래서 새로운 시장 개척보다는 기존시장 개발에 역점을 두고 매출

30% 증가와 비용 20% 절감을 목표로 하는 기본전략이 결정되었다. 이에 관한 구체적인 전술과 그 우선순위는 멤버들의 자연스러운 합의를 기본으로 완성되었다.

그 후 실제로 계획을 실행함에 있어서 C씨가 택한 것은 비전형 리더십 스타일이었다. 우선 부하 각각에게 목표 추진을 독려하고 달성 책임을 명확히 제시하여 그것을 각자에게 강하게 자각시켰다.

그리고 기준을 달성하기 위해 채찍질하지 않고, 효율적인 목표도달 방법에 대해 자신의 지식과 경험을 총동원하여 구체적으로 제안을 했다. 부하의 의견을 듣고 그것을 보강하여 세련된 형태로 피드백해 가는 것도 잊지 않았다.

따라서 부하에게 Why(왜 그렇게 해야 하는지), What(무엇을 해야 하는지), How(실제의 행동)라는 모티베이션 촉진의 3요소를 명확화하고,

그림 2-4 | 리더십 스타일을 적절히 사용한다

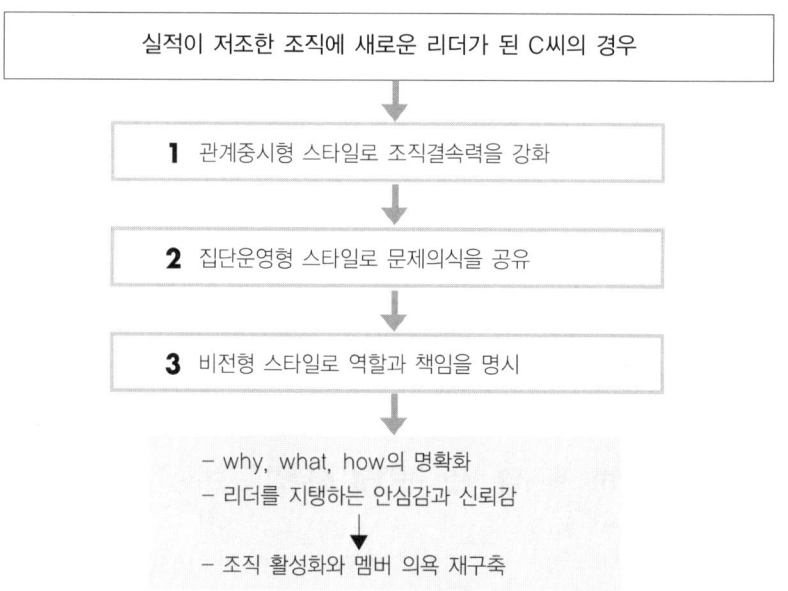

업무에 대한 의미나 역할정립을 확실시하여 강한 동기부여를 이루었다. 부하는 C씨에게 끌려간다는 생각과 동시에, 리더로부터 지탱받는다는 안심과 신뢰감도 느끼게 되었다.

물론 부하로부터 수시로 보고를 받았으며 성과를 올린 사람은 매우 칭찬해 주었다. 실수하거나 실패한 경우에는 원인을 정확하게 지적하고 재도전의 기회를 주었다. 같은 원인으로 같은 실패를 하거나 능력이 아닌 의욕 부족으로 실패를 범한 경우에는 엄격하게 질책했다.

또한, 칭찬할 때는 모두의 앞에서 칭찬하지만 질책할 때는 별실로 불러 1대 1로 질책하였다. 그렇게 함으로써 부하의 자존심에 상처 내지 않고 또한 명예심을 지켜주었던 것이다.

적절한 스타일을 자연스럽게 행하는 것이 이상적

이러한 C씨의 방법에 대해 부하가 받은 느낌은, 단계를 거치면서 자신의 역할과 책임을 강하게 느낄 수 있어 엄격함 속에서도 마음이 끌리게 되었고, 업무의 의미나 방향성이 이해되어 주체적으로 업무에 관여할 수 있었으며, 보람이나 달성감 등을 느낄 수 있었다는 목소리가 많았다.

또한 C씨가 리더십 스타일을 적절히 나누어 사용하는 것을 부하는 거의 눈치채지 못했다. 능숙하게 한다고는 느꼈지만 작위적이라고는 느끼지 못했다고 한다. 그것은 상황에 맞춰 최적의 리더십 스타일을 선택했기 때문이라고 생각한다.

이상은 이상적인 스타일을 적절히 사용한 예이며 4장에서 구체적인 실천방법을 생각해 보기로 하자. 그러면 다음에서는 6가지 리더십 스타일의 특징을 구체적으로 살펴 보자.

그림 2-5 | 리더십 스타일의 부문체질에 대한 영향

스타일	특징	부문체질에 대한 영향
지시명령형	자유도가 손상되고 책임감도 육성되기 어려우나 업무수행의 효과가 높다.	단기적으로 업무관리 능력이 향상된다.
비전형	방향이 명확화되어 역할의식이 높아진다.	중장기적으로 조직의 방향을 잡을 수 있다.
관계중시형	조직의 업무 완성도는 높아지지만 목표감이나 방향감이 애매해진다.	단기적으로 직장관계를 개선한다.
집단운영형	부하의 협력의식이 자극되고 일체감이 높아진다.	중장기적으로 커미트먼트를 양성한다.
규범형	독립심은 강화되나 팀의 능력이 충분하지 않으면 부하가 따라오지 않으므로 우왕좌왕한다.	단기적으로 성과를 요구한다.
육성형	업무를 통해 부하와의 커뮤니케이션이나 대화가 늘어나 부하가 성장하는 풍토 형성에 기여하다.	중장기적으로 조직능력이 향상된다.

(1) 지시명령형 스타일의 특징
- 긴급할 때 명확한 해결방법을 제시한다

부하에 요구하는 것은 순종

이런 리더로는 안 된다. 이렇게 생각하면서도 현실에서는 그런 리더십 스타일을 취하고 마는 경우가 많다. 혹은 자신은 이런 타입의 리더는 아니라고 스스로 평가하지만 부하의 눈에는 확실히 그런 타입으로 보여진다. 그런 경향이 강한 것이 이 지시명령형 스타일이다.

지시명령형 스타일의 특징은 상하관계를 바탕으로 부하에게 '내가 말하는 대로 하라'는 식의 일방적인 명령을 내리고 게다가 부하에게 복종까지 요구한다는 점이다. 지시는 명확하지만 그 의미나 방법을 충분히 전달하려 하지 않는다.

부하는 무엇을 위해 그것을 해야 하는지 이해하지 못한 채 기계적으로 작업을 해야만 한다. 업무절차나 프로세스 관리도 엄격하고 언제나 구체적인 보고를 요구하며 문제나 실수에는 엄격하게 대응한다. 부하에 대한 평가도 감점주의 중심이 되어, 성취한 것을 칭찬하기보다 성취하지 못한 것을 마이너스 평가하는 경향이 강하다.

부하의 자주성을 해치는 경우도 있다

지시명령형 스타일의 가장 큰 결점은 앞에서 기술한 것처럼 부하에게 자주성이 육성되지 않는다는 점이다. 명령만을 기다리는 지시대기형 부하를 만들기 쉽다. 무엇보다도, 언제나 상사로부터 지시받은 대로만 하게끔 요구받는 사이에 지시받은 것만 할 수 있는 인간으로 길들어져 버린다.

물론 책임감도 아주 약해지는 경향이 있다. 예를 들면, 상사가 출장으로 자리를 비운 경우에 부하는 느긋해져서 공공연히 업무에 소홀하게 된다. 즉 업무에 대해 자기관리를 할 수 없는 부하 즉, 상사의 안색만을 살피고 조직에 대한 충성심이나 일체감이 모자라는 부하들을 육성하기 쉽다.

일반적으로, 지시명령형 스타일은 부하의 의욕을 저하시켜서 조직에 마이너스를 미치는 경우가 많다.

그림 2-6 ┃ 지시명령형 스타일의 특징

지시명령형 스타일
· 즉각적인 복종을 요구한다. · '지시한 대로 해'

〈구체적인 행동 예〉

- 부하의 의견을 그다지 받아들이지 않고, 해야 할 것에 대해 명확하게 지시한다.
- 부하가 즉석에서 솔직하게 따르기를 기대한다.
- 엄하게 통제하며 항상 상세한 보고를 요구한다.
- 잘못하고 있는 것에 대해 부정적으로 교정적인 피드백이나 대응(조소·욕설)을 한다.
- 성취한 것을 플러스 평가하기보다 성취하지 못한 것에 마이너스 평가하는 것으로 부하에게 방향을 제시한다.

긴급시나 비상시에는 효과적

단지, 긴급하거나 비상의 경우에는 지시명령형 스타일을 선택하여 효과가 높아지는 경우도 있다. 예를 들면, 전임자의 실책으로 조직의 긴장이 풀려 있거나 급히 재건해야 하는 경우, 또는 고객의 클레임에 신속히 대응해야 하는 경우 등이다.

이와 같이 신속한 의사결정이나 지시와 명령이 필요한 경우, 조직을 철저히 구조개혁하거나 크게 방향전환해야 할 경우, 단기적이지만 강한 통솔력으로 리더가 부하를 관리하지 않으면 사태를 수습할 수 없는 경우 등에는 이 지시명령 스타일이 효과적이다. 더욱이, 비교적 단순한 업무를 역시 단기간에 끝내야 하는 경우 등에도 지시명령형이 더없이 유용하다고 할 수 있다.

조직에 모럴 헤저드를 초래하기 쉽다

한 명의 리더가 부하를 지배하는 형태의 지시명령형 스타일은 부서체질의 요인 중 자유도를 매우 저하시키는 경우가 있다. 극단적인 만큼 Top down 방식으로 의사결정을 하고 무조건 질책하게 되므로, 부하는 업무수행에 있어서의 자유도가 낮음을 느끼면서 조직에 대해 속박감을 갖기 쉽다.

또 지시와 명령에 대한 목적이나 배경이 부하게 잘 전달되지 않아서 장기적인 방향감이 부족해지고, 어쨌든 지시받은 것만 하면 된다는 의식이 팽배해져 자신의 업무에 대한 책임감도 증대되기 어렵다. 해야 할 업무는 알고 있지만 강제적인 도를 넘으면 부하는 움직이고 싶지 않게 된다.

게다가 상사 대 부하라는 1:1 상하관계로 빠지기 쉽고 조직으로서의 일체감도 희박해진다. 모럴 헤저드를 일으키기 쉬운 부문체질은 모럴의식이

그림 2-7 | 지시명령형 스타일이 효과적인 경우, 효과적이지 못한 경우

효과적인 경우

- 일방적인 지시가 어울리는 임무
- 비교적 단순한 업무
- 긴급시에 상사가 부하보다 많은 정보를 갖고 있는 경우
- 지시와 명령에 따르지 않으면 심각한 문제가 발생하는 경우

효과적이지 못한 경우

- 단순하지 않은 업무를 수행하는 경우
- 지시명령형 스타일이 장기적으로 계속되는 경우
- 스스로 업무를 계획하고 결과도 파악하며 의욕이 있는 부하를 대할 때의 경우
- 주체적이며 혁신적인 직무로서, 유능하고 경험이 풍부한 부하나 스페셜리스트가 대상인 경우

낮은 리더가 선택한 지시명령형 스타일의 경우 등에서 쉽게 형성된다고 말할 수 있다.

5 (2) 비전형 스타일의 특징
- 꿈을 내세워 멤버를 움직인다

따라가고 싶은 비전을 제시한다

비전형 스타일은 부하가 '따라가고 싶다'고 느끼게 하는 스타일이다. 'Follow Me'라고 리더의 구상이나 생각을 먼저 말하고 부하에게 동기를 부여하면서 인솔해가는 리더십 스타일이라고 말할 수 있다. 명확하고 단정적인 판단을 내린다는 점에 있어서 어떻게 보면 지시명령형 스타일과 비슷하지만, 부하에게 조직이 나가야 할 방향과 지향해야 할 비전을 확실히 제시한다는 점에서 크게 다르다.

비전형 스타일을 선택하는 리더는 조직의 비전과 방향성을 고려하고 이를 명확히 하는 것이 자신의 가장 큰 책임이라고 생각한다. 그래서 쓸데없이 지위나 권력을 내세우는 경우가 드물고, 목표달성을 위한 방법 등에 있어서도 결코 독단적인 태도를 취하지 않는다.

부하가 좋은 의견을 내면 솔직하게 귀를 기울이는 공정함과 유연성을 갖기 위해 노력한다. 또한 부하나 조직에게 돌아가는 이익을 우선시하며, 이를 위해 해야 할 일이나 방침을 멤버에게 알기 쉽게 전달한다.

비전형 스타일은 비전을 명확히 하고 그 이유와 방향성을 전달하기 위해 리더십을 발휘하는 스타일이며, 부하의 커미트먼트를 최대한 이끌어낸다. 그 때문에 부하는 자신이 수행하는 업무에 대한 의미, 위상, 중요성을 확실히 이해할 수 있어서 스스로 의욕과 모티베이션을 높여 갈 수 있다.

그림 2-8 | 비전형 스타일의 특징

비전형 스타일

- 장기적인 비전을 제시한다.
- 단정적이지만 공정하고 명확히 한다.

- 조직의 전망과 방향성을 고려하면서 그것을 명확히 해가는 것에 책임을 갖는다.
- 권위에 약해지는 것이 아니라, 목표를 달성하기 위한 전망이나 방법에 대한 부하의 의견을 듣는다.
- 부하나 회사에 장기적인 이익을 주기 위해 해야 할 일이나 방침의 의미를 알기 쉽게 설명하고 있다.
- 긍정적이고 부정적인 양면의 피드백을 수행한다.

 부하에 대한 평가도 공정하다. 비전이나 목표달성에 공헌한 정도가 유일한 평가기준이 되고, 독선이나 개인감정을 개입시키는 경우가 없다. 어느 정도 일을 하고 결과를 냈는지를 객관적으로 평가하므로, 플러스 마이너스의 잣대를 부하가 쉽게 알 수 있다는 장점도 있다.
 일에는 엄격하지만 인정할 것은 확실히 인정해 준다는 평가를 부하로부터 받을 수 있다. 이와 같이 비전형 스타일은 가장 리더다운 리더십 스타일이라고 말할 수 있다. 따라서 정확하게 그 기능을 한다면 조직을 매우 효과적으로 강하게 통솔하여 멤버의 의욕을 높일 수 있다.

부하의 신뢰가 없으면 예상이 어긋나는 경우도 있다

 단지, 비전형 스타일이 능숙하게 기능하지 않는 경우도 있다. 예를 들면, 리더보다도 경험이 풍부하고 지식이나 전문능력도 높은 부하가 있는 경우, 혹은 멤버로부터 리더로서의 능력을 잃거나 그 권위가 신뢰되지 않

그림 2-9 | 비전형 스타일이 효과적인 경우, 효과적이지 못한 경우

효과적인 경우

- 변혁이 필요한 경우, 새로운 비전, 명확한 지시와 기준이 필요한 경우
- 상사가 전문가이거나 권위자라는 것이 인정되는 경우

효과적이지 못한 경우

- 상사에 대한 신뢰가 인정되지 않거나, 부하가 동등 혹은 그 이상의 경험이나 지식을 가지고 있는 경우
- 자립적인 팀이나 참가형 의사결정을 촉진하려고 하는 경우

는 경우 등이다. 요컨대 부하의 신뢰감을 전제로 한 스타일이므로 그것이 결핍된 경우는 공회전으로 끝나기 쉽다.

또 부하의 자립성이 굉장히 높은 경우에도 'Follow Me'라는 방법은 예상과 달라질 수 있다. 리더 자신의 유의(주의)를 부하에게 강요하는 느낌을 주어, 부하들의 자주적인 의욕을 손상시키기 쉽다. 예를 들어, 회의 중에 이미 자신은 마음 속에 결론을 내렸음에도 불구하고 표면상으로 전원에게 공정함과 민주적인 자세를 가장할 때, 비전형 스타일은 바로 지시명령형 스타일로 변해 버리는 경우가 많으므로 주의를 요한다.

목표감과 책임감을 높여 부하를 동기부여시킨다

비전형 스타일은 비전이나 목표를 확실히 내세워 멤버에게 동기부여시키는 방법이므로 방향감이 명시된 부문체질이 만들어지게 된다.

부하는 자신들의 업무가 조직의 목표에 어떻게 연관되는지 잘 알고 있기 때문에 자주적으로 업무에 임할 수 있다. 즉, 목표감이나 책임감이 높

은 부문체질을 형성하는 데 기여한다.

게다가 목표달성도를 기준으로 공평하고 객관적으로 평가할 수 있기 때문에 부하에 대한 공평감이 높은 부문체질을 양성할 수 있는 가능성이 높아진다. 이와 같이 비전형 스타일은 6가지 요인 전부에 대해 긍정적인 영향을 줄 수 있다.

6 (3) 관계중시형 스타일의 특징
  – 멤버간의 유대를 강화시키면서 조화를 이루어간다

무엇보다도 조직의 화합을 최우선으로 생각한다

인간관계나 조직의 화합을 최우선으로 여기면서 부하와 우호적인 관계를 맺고 그 결속감을 활용해 성과로 연결시키려는 리더십 스타일이다. 업무상의 방침이나 목표보다도 개인감정이나 커뮤니케이션을 중시하고, 조직의 분위기를 화목하게 유지하면서 멤버 모두가 좋은 관계를 유지할 수 있는 풍토 양성에 주의를 기울이는 특징이 있다. 예를 들면, 새로운 멤버가 들어오면 우선 회식자리를 마련하여 서로간의 감정적인 교류를 도모하면서 동료의식을 높여 가는 것을 우선시한다.

부하 위에 군림한다거나 비전으로 인솔하는 것이 아니라, 친화적이고 따뜻한 인간관계나 부문체질로 부하를 움직이려고 한다. 따라서 부하와의 알력은 가능하면 피하고, 업적과 동일한 비중으로 개인의 인간성이나 성격적인 면도 칭찬한다. 반면에 부하를 큰소리로 야단치거나 처벌하는 일은 절대로 하지 않는다. 부하에게 역할이나 책임보다 동료의식이나 협조성을 강하게 요구하는 경향이 있다.

그림 2-10 | 관계중시형 스타일의 특징

관계중시형 스타일
· 우선 화합을 이루고 그 다음이 업무이다.
– 부하와의 우호적인 관계를 가장 중요하다고 생각한다. – 명확한 방침, 목표, 기준을 그다지 중요시하지 않는다. – 부하의 고용확보, 복지, 행복을 생각한다. – 알력을 피한다. – 업적과 동일한 비중으로 개인의 성격적인 면을 칭찬한다. – 처벌하는 일은 절대로 없다.

관계중시형 스타일을 발휘하는 리더 밑에서는 팀의 조화가 이루어져 멤버간의 커뮤니케이션도 긴밀히 유지되고 정보나 아이디어도 공유되어, 일하기 좋은 업무환경이 구축되기 쉽다. 그런 의미에서, 부하의 의욕은 강화되고 업적도 향상될 가능성이 있다.

팀워크는 좋으나 업적을 저하시키기 쉽다

한편으로는, 조직이 '사이좋은 클럽'으로 빠져버릴 위험성도 크다. 능력이 낮은 동료들은 '사이좋은 조직은 망한다'고 말하기도 하지만, 리더가 지나친 관계중시형을 택하면 이것이 현실로 나타나는 경우도 있다. 실제 우리가 수집한 데이터를 분석해 보면 업적이 저조한 조직에서 이러한 스타일이 강한 리더를 많이 발견할 수 있었다.

멤버간에 모두 친밀하므로 조직은 조화롭고 직장의 분위기는 최고이나 – 정말로 그 때문에 – 업적은 전혀 오르지 않는다. 이런 케이스가 실제로 많다.

그림 2-11 | 관계중시형 스타일이 효과적인 경우, 효과적이지 못한 경우

효과적인 경우

· 업무가 정형적이고 업적도 높은 경우
· 개인적인 원조나 상담을 하는 경우
· 다양하게 대립하고 있는 그룹이나 개인을 협조적으로 업무에 투입시키는 경우

효과적이지 못한 경우

· 업적이 좋지 않은 경우
· 명확한 지시나 통제를 필요로 하는 긴급하거나 복잡한 상황의 경우
· 부하가 개인적인 관계보다도 업무나 업적을 중요시하는 경우

비전형 스타일과의 병용이 효과적

고도성장 시대에 나타나는 정형적인 업무를 양적으로 확대해 가는 데에는 이 관계중시형 스타일이 유효하다. 조직의 일환이 되어 업무에 적용하는 것이 업적신장과 직결하기 때문이다. 반면, 명확한 목표 제시가 필요한 경우에 부하에게 동기부여를 시키기 위한 추진력으로서는 부족하다.

또한 부하가 문제해결법에 대한 어드바이스를 구하거나 사원의 업적개선과 능력신장을 강하게 재촉하고 싶은 경우 등에는, 그들을 조타할 능력이 부족하므로 적합하지 않다. 따라서 이 관계중시형 스타일은 앞에서 기술한 비전형 스타일과 병용하는 것이 효과적이다.

비전형 스타일에 의해 비전을 제시하고 관계중시형 스타일로 팀의 화합을 도모한다. 이렇게 적절하게 병용함으로써 보다 효과적으로 리더십 스타일을 발휘할 수 있다.

조직이 '사이좋은 클럽'이 되어 기능부전에 빠지는 경우도 있다

이 관계중시형 스타일이 가장 만들어내기 쉬운 것이 일체감 높은 풍토이다. 조직의 화합을 우선시하여 Top down형의 규제나 룰이 적고 리더가 멤버의 업무방식을 제한하지 않으므로, 부하의 자유도가 커지면서 자기재량으로 자유롭게 일을 진행시킬 수 있기 때문이다.

또한 그 결과로 멤버간의 커뮤니케이션도 긴밀해져서 일체감은 일반적으로 높아지지만, 서투른 경우에는 조직을 '사이좋은 클럽'으로 만들어 버릴지도 모른다. 그 경우, 부하의 업무에 대한 동기부여를 약화시키는 결점이 있다. 즉 '기분 좋게 업무하기 쉬운' 풍토를 형성할 수 있는 스타일이지만 때로는 자유방임으로 인해 업무가 능률적으로 진행되지 않는 경우도 발생한다.

한편 공평감이나 방향감에 있어서는 애매한 풍토를 형성하기 쉬운 결점이 있다. 부하에게 역할이나 목표를 부여하기보다 협조성이나 팀워크(일체감)를 요구하는 리더십 스타일이므로, 부하가 해야 할 일에 대해 확실하게 제시할 수 없는 경향이 있기 때문이다.

7 (4) 집단운영형 스타일의 특징
― 부하의 커미트먼트를 중요시한다

멤버의 제안을 정리하는 앵커 역할

Top down이 아닌 Bottom up을 중시하는 것이 집단운영형 스타일의 특징이다. 업무방식이나 직장 룰 등을 결정하는 의사결정 과정에 부하를 참여시켜서 그들의 동의를 바탕으로 조직을 운영해 가는 방법을 택한다.

그림 2-12 | 집단운영형 스타일의 특징

집단운영형 스타일
· 참여의식과 커미트먼트를 양성한다.
– 부하가 가지고 있는 능력을 믿고 있다. – 부하를 의사결정과정에 참여시켜서 합의에 의해 결정을 해간다. – 회의를 자주 개최하여 의견을 듣는다.

 부하의 의견을 구하고 생각을 듣고 아이디어를 모으면서 업무를 진행한다. 그러나 관계중시형 스타일과는 달리, 자신과 다른 의견이나 이질적인 견해에도 귀를 기울인다. 부하 한 사람 한 사람이 주역이며, 리더는 다양한 의견을 정리하는 앵커 역할에 소질이 있는 경우가 많다. '모두의 의견은 어떨까' 라는 자세가 집단운영형 스타일의 본질인 것이다.
 예를 들면, 부하의 목표설정이나 평가기준을 정하는 데 있어서 부하의 의견을 들어보고 그들의 희망을 받아들이는 방향으로 결정하며, 절대로 Top Town을 강요하지 않는다. 이런 민주적인 자세를 통해 부하의 신뢰나 참여의식을 모으면서 동기부여시키는 것이다.
 따라서 부하가 능력이 많고 자립적으로 업무를 수행할 수 있는 조직에서는 이 집단운영형 스타일은 효과적인 기능을 한다. 리더는 부하가 제시한 좋은 의견을 채택하여 내용을 보완해 가면서 뛰어난 판단으로 업무와 연결시켜 갈 수 있기 때문이다.
 혹은 리더의 명확한 비전에 부하가 현실적인 요소를 도입하여 보다 구체적으로 시행해 갈 수 있는 이상적인 조직운영도 가능하다. 이때 조직은 가장 성숙한 형태를 취한다고 말할 수 있다.

의사결정 스피드가 떨어지는 약점

그러나 부하에 대한 동기부여나 혹은 조직에 대한 영향력에 있어서는 약한 면이 있다. 이 스타일의 특징은 민주적이라는 것이지만, 그것을 반대로 이야기하면 조직을 리드하면서 최종결정을 내리는 확실한 리더십이 없다는 것이다. 그 때문에 아무리 회의를 거듭해도 의견이 일치되지 않을 가능성이 있다. 따라서 의사결정이나 업무수행의 속도가 떨어지는 치명적인 결함을 갖기 쉽고, 긴급한 업무를 수행할 수 없게 되는 경우도 많다.

또한 조직 멤버의 능력이 그다지 높지 않거나 혹은 지식이나 정보가 부족할 경우에는 집단운영형 스타일이 목적한 만큼의 기능을 하지 못한다. 그것은 정치에 있어서 민주주의의 성공이 전적으로 집단의 성숙도에 달려 있는 것과 마찬가지이다.

즉각적인 전력을 육성하기 어렵다

또한 집단운영형 스타일은 인재육성 면에서도 제약을 받을 수 있다. 즉 시간적인 여유가 있어서 장기적으로 차분하게 인재를 육성하는 경우에는 적합하지만, 단기적으로 이른바 즉 전력을 성장시키는 경우에는 적합하지 않다. 이것도 정치와 마찬가지로 민주주의의 실천에는 시간이 걸리기 때문이다.

집단운영형 스타일의 이러한 결점을 보완하기 위해서는 역시 업무의 긴급도 혹은 부하의 자립도와 능력 등에 따라 비전형 스타일을 병행하는 것이 좋다고 생각된다. 예를 들어, 처음에는 비전형 스타일로 명확한 방침을 제시하고 Top Town 방식으로 부하에게 업무를 맡긴 후에 조금씩 집단운영형 스타일로 이행해 가는 방식을 취한다.

그림 2-13 | 집단운영형 스타일이 효과적인 경우, 효과적이지 못한 경우

효과적인 경우
· 부하가 유능하고 상사와 동등 혹은 그 이상의 정보나 지식을 갖고 있는 경우
· 부하의 자립적인 행동으로 조정을 해야 하는 경우

효과적이지 못한 경우
· 긴급시에 신속한 결정이나 명확한 방침이 필요한 경우
· 부하의 직무수행 능력이 높아지고, 필요한 정보가 부족하며, 밀접한 지도가 필요한 경우

부문의 자발성을 촉진한다

집단운영형 스타일도 관계중시형 스타일과 유사하게 풍토형성에 기여한다. 부하의 사고를 존중하는 Bottom up 스타일이므로 부하의 자발성을 촉진시키기 쉽고 자유도와 책임감을 높인다. 앞에서 기술한 바와 같이 의견일치가 중심이 되므로 목표감을 강화시키려고 하는 경우에는 유효하지 않다.

두 스타일이 다른 점은 관계중시형 스타일이 인간관계를 업무보다 우선시하는 데 반해, 집단운영형 스타일은 어디까지나 업무에 대한 커미트먼트를 우선시하는 스타일이다.

8 (5) 규범형 스타일의 특징
― 솔선수범하여 팀을 이끌어간다

자신에게도 부하에게도 높은 목표를 설정한다

이것은 자신에게도 타인에게도 엄격한 스타일로서, 부하에게는 깔끔한

자기관리나 높은 업적수준을 요구하며 자신도 그 규범을 보이기 위해 목표를 향해 한결같이 노력한다. 실행 예나 성공모델을 스스로 보여주면서, 즉 솔선수범하며 팀을 이끌어 가는 리더십 스타일이다.

어떤 일도 더욱 빠르고 잘 처리하기 위해 열심히 하며 주위사람에게도 같은 정도를 요구한다. 따라서 부하의 업적이 오르지 않으면 바로 지적하면서 개선을 요구한다. 부하가 자신의 어드바이스를 잘 따르지 못한 경우에 '저 녀석은 할 수 없는 사람이다' 라면서 금방 포기해 버린다.

업무방식과 임무부여 방식도 이른바 장인형으로서, 즉 자신이 직접 실행해 보이고 자세하게 지도하지 않는 경향이 강하다. 말로 가르치기보다 자신의 방식을 보고 따라서 하라는 리더십 스타일을 택한다. 부하에게 비전이나 전략을 명확히 전달하지 않는 경우가 많으며, 일일이 말로 하지 않아도 알 사람은 알겠지 라는 태도를 취한다.

부하에게 업무를 맡기지 못하고 자신이 업무를 떠맡는다

규범형 스타일이 권한위임에 서툰 이유는 원래 부하에게 시켜야 할 업무까지 쓸데없이 관여하여 자신의 업무량이 많아지기 때문이다. 이와 같은 스타일이 너무 강한 사람은 플레이어로서는 우수하지만 부하관리가 최대의 역할인 리더로서의 수준은 낮아지는 일이 많다.

이러한 리더 밑에 있는 부하는 '신뢰받지 못하고 자신의 방식으로 업무를 수행하는 것이 불가능하며 주도권(initiative)을 잡을 수 없다' 는 불만을 갖기 쉽다. 물론 동기부여와 커미트먼트도 낮아진다. 솔선수범은 자칫하면 부하의 영역을 침범하기 쉽고 자주성의 싹을 따버리는 위험이 있다는 것을 잘 알고 있어야 한다.

그림 2-14 | 규범형 스타일의 특징

규범형 스타일
· 자기관리를 기대한다. · 규범이나 기본을 제시한다. · 내가 하는 것에서 배워라.
- 높은 요구수준을 갖고 부하에게 자기관리를 기대한다. - 실행사례나 모델을 부하에게 제시하면서 이끌어 간다. - 부하보다 자신이 업무를 더 잘한다고 생각하므로 부하에게 맡기는 것에 저항한다. - 부하가 할 수 없을 경우에는 자신이 빼앗아서 해버리거나 지시명령 스타일을 취한다. - 낮은 업적의 부하에게는 동정하지 않는다.

의욕이 강한 유능한 조직이라면 효과가 크다

따라서 규범형 스타일은 조직이 크고 복잡해서 상사 혼자서 업무를 처리하기 불가능한 경우나, 부하에 대한 지시나 인재육성이 요구되는 경우에는 그다지 효과를 올릴 수 없다.

역으로 조직이 아직 작고 부하 개개인의 거리가 좁아서 전략이나 기술을 알기 쉬운 경우에는 유효한 기능이다. 또한 팀 스텝이 우수하고 상사의 지도가 그다지 필요하지 않으며, 부하가 의욕적이어서 상사의 동기부여를 특별히 필요로 하지 않는 경우에도 매우 효과적이다.

게다가 리더 자신이 굉장히 높은 전문능력을 갖고 있는 경우 그것을 모범으로 보여 주면서 멤버를 강력히 인솔할 수 있으므로 단기적인 성과창출이 가능한 리더십 스타일이라고 말할 수 있다. 의욕이 강한 유능한 조직에서 신속하게 성과를 이끌어 내기에 가장 적합한 스타일이다.

자유도, 방향감, 공평감을 저하시킨다

규범형 스타일에서는 일반적으로 부문체질에 대한 형성력과 영향력은 그다지 뛰어나지 않으며, 특히 조직의 자유도, 방향감, 공평감 등의 요소가 저하되기 쉽다. 이런 스타일이 강한 리더 밑에서 부하는, 자신이 신뢰받지 못하며 주도권을 가질 수 없다는 것 때문에 의욕이 저하되기 쉽다.

책임감에 있어서도 팀 안에 판단능력이나 학습능력이 높은 인재가 모여 있는 경우에는, 리더가 모범을 보여 주고 멤버가 자주적으로 리스크관리(Risk Take)를 하며 스스로의 판단으로 업무를 수행할 수 있다. 그러나 그렇지 않은 경우나 팀의 방향성이 명확하지 않은 경우 등에는 책임감이나 모럴(도덕성)이 낮은 부문체질이 만들어지게 된다.

그림 2-15 | 규범형 스디일이 효과적인 경우, 효과직이지 못한 경우

효과적인 경우

- 부하가 유능하며 의욕적으로 지시할 필요성이 그다지 없는 경우
- 자기 자신이 있는 영역의 전문가이기도 하며, 개인적인 공헌이 요구되는 경우
- 즉각적인 결과를 요구하는 경우
- 자신과 같은 부하를 육성하고 싶은 경우

효과적이지 못한 경우

- 상사가 혼자서 업무를 처리할 수 없는 정도로 조직이 크고 복잡해진 경우
- 부하가 지시나 육성을 필요로 하는 경우

(6) 육성형 스타일의 특징
– 멤버의 성장을 최우선으로 한다

장기적인 시점에서 부하의 능력을 이끌어 낸다

리더라기보다 유능한 카운슬러나 교육자와 같은 행동을 하는 스타일이다. 즉, 부하가 자신의 장점이나 단점을 내보이도록 도와 주고, 각각의 목표에 맞게 명확하게 어드바이스해 주는 것을 아끼지 않는 타입의 리더십 스타일이다. 부하가 장기적인 능력개발 플랜을 수립하는 경우에는 추천을 해주고 그 계획을 작성하는 것도 돕는다. 자신도 상사로서의 역할이나 책임을 다할 것을 약속하고 지도나 피드백을 게을리 하지 않는다.

가르치기보다는 실제로 업무를 통해서 학습시키는 인재육성 방법을 사용하고, 부하의 성장에 도움이 된다고 생각하면 장기적인 관점에서 눈앞의 실패나 실수를 용서할 수 있다. 현재의 업적보다 장래의 성장을 중시하는 타입의 리더십 스타일이라고 말할 수 있다. 또한 육성형 스타일의 리더는 부하와의 커뮤니케이션에도 열성적이다. 게다가 동등한 입장의 커뮤니케이션도 거부하지 않는다.

상사가 부하를 지도할 때는 자기도 모르게 높은 위치에서부터 가르치려는 태도를 취하기 쉽다. 그러나 무엇인가를 가르칠 경우에는 그것을 다시 한번 고쳐 배운다는 마음가짐으로 유효하게 진행한다. 부하에게 가르칠 뿐만 아니라 자신도 부하와 함께 다시 한번 배운다는 마음가짐이 중요하다.

육성형 스타일을 발휘하는 리더는 이러한 것을 비교적 자연스럽게 할 수 있다. 그 결과, 부하를 가르치면서 육성해 가는 것이 아니라, 깨닫게 해서 성장시키는 것이 가능해진다. 육성하는 데에 시간은 걸리지만 부하의 의욕을 견고하고 확실하게 양성할 수 있다.

그림 2-16 | 육성형 스타일의 특징

육성형 스타일

· 장기적이고 계획적으로 부하 육성이 가능하다.

- 부하 각자의 목적에 따라 장점과 단점을 보여줄 수 있도록 원조한다.
- 능력개발의 목표를 장기적으로 생각하도록 장려한다.
- 피드백을 통해 부하의 성장을 촉진할 뿐만 아니라, 논리적인 근거를 기초로 지도한다.
- 현재의 업적보다도 장래의 성장을 중시하는 경우도 있다.

또한 부하의 불만이나 제안은 정면에서 접수해야 할 필요가 있는데, 육성형 스타일을 발휘하는 리더에게는 그것이 가능하다. 부하가 그것을 쉽게 말할 수 있는 분위기를 만들어 주고, 부하의 실패나 실수도 급하게 질책하지 않고 만회의 기회를 주기도 한다. 장기적이고 계획적으로 인재를 육성하는 데에는 가장 적합한 리더십 스타일이라 말할 수 있다.

시대를 초월하여 필요한 리더상

육성형 스타일은 부하가 자신의 약점이나 과제를 깨닫고 주체적으로 레벨을 높이기 원하거나, 혹은 부족한 능력을 보충하기 위한 방법과 힌트가 필요한 경우 등에는 큰 효과가 있다.

반면 리더의 지도기술이 부족하여 코칭의 대상이나 내용을 잘 파악하지 못하고 있는 경우에는 능숙하게 기능하지 못한다. 또한 부하가 요구하는 지도내용이 매우 즉효성이 높은 것이거나 혹은 단기적인 성과가 요구되는 경우에도 효과를 높이기가 어렵다. 육성형 스타일은 많은 조직에서 가장 필요하면서도 가장 부족한 방식이라고 말할 수 있다. 많은 리더가 가장 잘 해내지 못하는 방법이기도 하다.

확실히 단기적인 업적이 요구되는 시대에는 부하의 능력개발에 시간을 투자할 여유가 많지 않다. 하지만 부하에게 자주적인 의욕이나 모티베이션을 뿌리내리게 하고, 그 능력을 기본부터 양성하는 것은 리더십의 핵심이다. 육성형 스타일이 시대를 초월하여 요구되는 이유인 것이다.

부하가 성장하는 부문체질을 형성할 수 있다

육성형 스타일은 비전형 스타일과 함께 좋은 부문체질을 만드는 데 빼놓을 수 없는 것이다. 육성에 중심을 두는 스타일이므로 부하는 항상 상사로부터 지원을 받고 있다고 느끼고 또한 개성이 존중되므로, 부하는 자신의 방식으로 업무에 임할 수 있다. 새로운 업무에 적극적으로 관여할 수 있는 자유도도 커진다.

그림 2-17 | 육성형 스타일이 효과적인 경우, 효과적이지 못한 경우

효과적인 경우

- 부하가 자신의 현재의 업적과 이상으로 하는 레벨 사이에 격차가 있다는 것을 인정하는 경우
- 부하가 주체적이고 혁신적으로 보다 높은 레벨이 되기 원하는 경우

효과적이지 못한 경우

- 리더가 전문성이 부족한 경우
- 부하가 좀더 단기적인 지시나 대책을 요구하는 경우
- 긴급한 경우

상사와의 커뮤니케이션도 긴밀하게 이루어져서 부하는 자신에 대한 기대나 역할을 끊임없이 자각할 수 있다. 책임감이나 방향감을 명확화시키는 역할을 하는 등 문자 그대로 부하가 성장하는 부문체질을 형성하는 데 불가피한 리더십 스타일이다.

10 리더십은 행동으로 보여줌으로써 비로소 효과가 나타난다

이념뿐인 리더십은 이해 불가능

리더는 각각의 장면에서 상황이나 환경에 맞는 적절한 행동을 취하는 것이 중요하다. 아무리 지식이나 경험이 풍부하고, 왜 해야 하는지(why), 무엇을 해야 하는지(what)에 대해 높은 수준으로 이해하고 있어도, 그것을 실제의 행동(how)으로서 표현할 수 없다면 유효한 리더십을 발휘할 수 없다.

그런 의미에서 리더십이란 리더의 내부에 잠재화된 능력이 아니라, 현실의 비즈니스 장면에서 그때마다 외부로 말과 행동으로 보여주는 액티브한 행동능력이다. 따라서 중요한 것은 개개인의 구체적인 장면에 있어서의 '행동'인 것이다.

리더의 언행과 리더십

이전에, 막 합병한 은행에서 대규모의 시스템 장애가 발생했을 때 사용자들로부터의 클레임은 있었지만 실질적인 피해는 없었다고 말한 경영자가 있었다. 금전적인 손해를 입히는 것이 아니면 실제적인 피해는 없는 것이라고 그가 평소에 생각했던 것은 아니다. 그러나 실제로 그런 언행을 취한 이상 그것은 단순한 말실수 정도의 문제가 아니라 그 언행이야말로 그 사람의 평상시의 사고특성을 나타낸 것이라고 생각할 수 있다.

아무리 리더로서의 능력이 내부에 준비되어 있어도(잠재능력) 그것을 현실의 장면에서 적절한 행동으로 표현(행동화 능력)할 수 없다면 의미가 없다. 이와 같이 리더십이란 현실장면에 있어서의 개별 대응능력이며, 어디까지나 행동에 의해 지탱되고 발휘되는 능력인 것이다.

리더가 어떤 장면에서 어떤 행동을 취할 것인지에 대한 행동기준이나 행동능력, 행동특성이나 행동스타일이 당신의 리더십을 결정한다. 더욱이 행동기준과 행동능력이라는 사고방식은 컴피턴시라는 개념과 긴밀한 관계가 있으며, 본서 132~133페이지에서 설명하고 있으므로 참고하기 바란다.

그림 2-18 │ 리더십을 실천한다

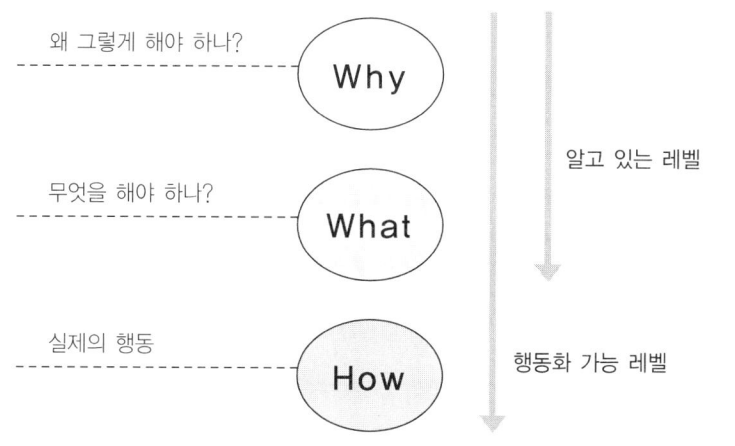

리더가 변하면 부문체질이 이렇게까지 변한다

(케이스 스터디) 리더가 부문체질에 미치는 영향

다음에서는 어떤 상황에 놓여 있는 부문체질에서 어떤 리더십 스타일을 선택할 때 어떻게 체질이 변화해 가는지 그 변화의 가능성을 몇 가지 케이스로 학습해 보자.

즉, 팀의 목적과 멤버의 면면 등은 전혀 변동이 없고 단지 리더만이 변해서 지금까지와 다른 리더십 스타일을 선택한 경우에, 부문체질이 어떻게 변화하고 성과에 어떤 영향을 주는지에 대해 사례를 근거로 생각해 본다.

관계중시형 스타일이 원인이 되어 이익과 모럴이 저하

어느 조직의 매출과 이익이 저하하고 있다. 사태타개를 위해 몇 가지 계획을 실행했으나 전부 실패로 끝나고 말았다. 기세 좋았던 부하의 사기는 저하되고 직장의 분위기도 침체되었다. 의욕이 떨어지고, 열심히 업무를 수행하는 사장이 오히려 주위로부터 냉소를 받는 분위기조차 있다. 멤버 간에 사이는 좋지만 모럴은 저하해 있고, 지각이나 무단결석이 많으며, 근무시간 중에 직장을 빠져나와 커피숍에서 잡담을 하는 멤버마저 있다.

이 조직의 리더는 관계중시형 스타일을 선택하고 있다. 부하에게는 업무에 전력을 다하도록 독려하지만 그 구체적인 목표와 방침을 명확히 제시해 주지 않는다. 또한 업적이 저조한 이유에 대해 그 원인을 찾아내서 분석하려 하지 않고, 원인불명이나 혹은 우연히 잘 되지 않았을 뿐이라는 결론만을 내린다.

단지, 부하의 실수나 실패에는 관대하고 '그 나름대로 잘 하고 있다'든지 '한번의 실수로 능력을 판단할 수 없다' 는 등의 감싸는 언행을 보인다. 업적이 아닌 인간성 등으로 부하를 판단하는 경향이 있다.

사이는 좋으나 진실한 커미트먼트가 부족한 풍토

이러한 리더가 이끄는 부문체질은 [그림 2-19]와 같은 특징을 보인다. 자유도나 공평감은 어느 정도의 수준으로 유지되고 있으나 다른 요인은 매우 낮은 것을 확실히 알 수 있다.

이것은 관계중시형 스타일에서 나타나는 특징으로서, 사이좋은 그룹으로서 팀의 통합은 잘 되지만 팀에 대한 헌신이나 프라이드, 상호신뢰감 등이 부족하다. 약소한 야구팀과 마찬가지로 멤버 상호간에 친밀한 관계는 유지되고 있지만 승리에 대한 집념이 약하고 패배근성에 젖어 있어 팀에 대한 자부심을 갖지 못하는 상태이다.

또한 자유도가 어느 정도 유지되고 있고 절대로 형식주의나 관료주의적인 풍토는 아니지만 그렇다고 해서 멤버의 자유성이 높거나 도전정신이 풍부한 것도 아니다. 업무의 의미, 위치부여, 목표, 내용 등이 각각의 멤버에게 명확하게 전달되지 않으며 조직 전체의 비전도 확실하지 않다.

그런데 이러한 조직의 리더가 교체되어 지금까지와는 다른 리더십 스타일로 조직을 움직이기 시작한다면 어떻게 될 것인가. 두 가지 경우에 대해 생각해 보자.

지시명령형 스타일로 룰 준수에 철저

앞에서 소개한 조직에 새로운 리더 D씨가 부임했다. D씨는 느슨한 조직 모럴을 가장 먼저 개혁해야 한다고 생각했기 때문에 직장의 룰을 개선하고 부하에게 철저히 준수하도록 명령했다.

그림 2-19 | 케이스 스터디 : 부문체질과 리더십 스타일의 상관관계(1)

주된 리더십 스타일

- 부하에게 전력을 다하도록 말하면서 그 구체적인 목표와 기준을 명확히 제시하지 않는다.
- 업적이 나쁜 이유를 밝혀내 분석하려 하지 않고 '운이 나쁘다', '원인을 모른다'는 결론을 낸다.
- 실수를 한 부하를 감싸며, 한 번의 실패로 부하를 질책할 수 없다고 생각한다.
- 업적이 아닌 인격이나 타인과의 관계로 부하를 판단한다.

 관계중시형 스타일

부문체질

- '사이 좋은 그룹'으로서의 팀의식이 보여지는 한편, 팀에 대한 공헌이나 멤버로서의 자부심이 낮다.
- 관료적이거나 경직적이지는 않지만 그렇다고 해서 자주적으로 무엇인가를 하거나 혹은 새로운 일에 도전하는 분위기는 부족하다.
- 업무에 있어서 무엇을 위해, 어떻게, 어디까지 해야 할 것인가의 사고방식이 희박하다.

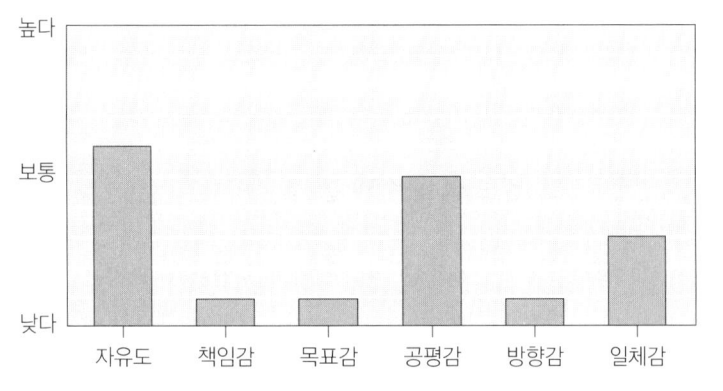

예를 들어, 근무시간 중의 사담이나 사적인 전화 금지, 지각이나 조퇴의 엄금 등 극히 초보적인 룰을 지키도록 강요했다. 이것을 지킬 수 없는 사람은 유급휴가 취소 등의 징벌을 주겠다고 말하면서, '싫다면 사표를 내도 좋다' 등 위협에 가까운 수단을 사용하는 것도 불사하였다.

즉 부문체질을 개선하기 위해서 D씨는 지시명령형 스타일을 사용해서 거의 강요라고 할 수 있는 Top down 형식으로 신속한 의사결정을 하고 그것에 부하가 순종하면서 따를 것을 강요한 것이다.

'나는 전임자처럼 실수에 대해 관용을 베풀 생각이 없다. 부하의 인기를 얻을 행동은 절대로 하지 않으며 내 방식대로 일관할 예정이다'라고 명확히 말하며, 자신의 리더십 스타일을 멤버에게 철저히 주지시키는 것을 잊지 않았다.

한편 부하의 업적이나 파일을 모두 훑어보고 그 적성이나 능력을 감안하면서 포지션을 재배치하였다. 업무 면에서는 관리주의의 경향을 강력히 내세워 세일즈 방법부터 보고서 작성방법에 이르기까지 자세하고 명확하게 지시를 내리고 그것을 따르도록 강하게 요구했다. 부하의 자주성이나 조직의 자유도는 희생될지라도 어쨌든 풍토개선을 위해 지시명령형 스타일로 조직의 긴장을 조이는 것을 우선시했다.

책임감과 목표감이 명확한 풍토에 변화

그 결과 어떻게 되었을까? [그림 2-20]의 그래프와 같이 자유도는 큰 폭으로 내려갔지만 책임감과 목표감의 요소는 훨씬 수준이 높아졌다. 지시명령형은 당연히 부하의 자유도를 빼앗는다. 왜냐하면 상사의 일방적인 명령에 따를 수밖에 없고 자신의 재량으로 업무를 수행할 수 있는 범위가 좁아지기 때문이다.

또한 '이렇게 해라', '저렇게 하면 안 된다'는 지시는 업무의 내용이나

그림 2-20 | 케이스 스터디 : 부문체질과 리더십 스타일의 상관관계(2)

주된 리더십 스타일

- 근무 중의 사담이나 사적인 전화, 지각이나 조퇴 등 초보적인 룰을 엄격하게 강요한다.
- 룰을 지킬 수 없는 사람에게는 징벌로 응대한다.
- 싫은 경우에는 사표를 내도 무방하다는 위협수단도 사용한다.
- 전임자처럼 인기를 얻는 행동을 하지 않고 자신의 방식으로 일관할 것을 명언한다.
- 부하의 파일을 전부 훑어보고 적성이나 능력을 생각하며 포지션을 재배치한다.

 지시명령형 스타일

부문체질

- 업무의 방향성이나 도달기준 등은 명확해졌으나 아직 강요받는다는 인식을 하고 있다.
- 일방적인 명령에 따르지 않을 수 없고 사유노가 낮아졌다고 생각한다.
- 업적에 따라 평가가 이루어진다는 것을 인식하게 된다.
  (단지 마이너스 평가에 대한 인식이 주)
- 팀의식이 '사이 좋은 그룹'으로부터 공통의 목적을 향해 협력의 필요성을 느끼는 쪽으로 변화한다.

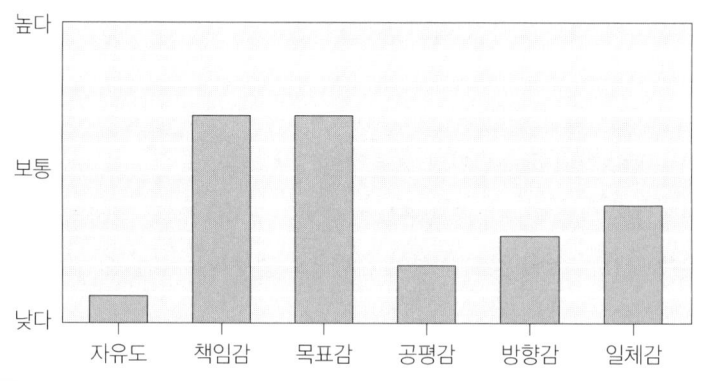

방향성, 달성목표나 그 수준 등을 부하가 깨닫게 하는 효과도 있다. 관계중시형 스타일은 확실하게 부하에게 전할 수 없는 리더십 스타일보다도 부하에 대한 역할이나 기준을 암시한다. 단지 그것을 부하의 입장에서 본다면 '상사로부터 강요받는다'는 강제감을 떨쳐버릴 수 없다. 왜냐하면 위로부터 지시된 목표는 기준은 되지만 장기적인 비전은 될 수 없기 때문이다.

그 외에도 업적이 평가로 직결되는 부문체질이 생겨나고, 팀 의식도 사이좋은 클럽의 미온적인 분위기가 사라져 버리는 경향이 있다. 목표의 강도에 끌려, 모두가 사이 좋으면 된다는 분위기에서 벗어나 공통의 목적을 향해 서로간에 협력의 필요성을 느끼는 분위기로 변화한다.

지시명령형 스타일에 의해 엄격함을 조직에 도입함으로써 – 어프로치로서는 약간 부정적인 방법이지만 – 부문체질이 명확히 개선되면서 성과를 올리는 밑바탕이 형성되고 있다고 말할 수 있다. 조직의 신속한 재건 등 긴급을 요하거나 철저한 변혁이 필요한 경우 등에는 지시명령형이 유효하다는 좋은 예이다.

단지 이 스타일은 과도기에 적합하다. 멤버의 의식이 개혁된 후에는 비전형 스타일이나 육성형 스타일로 바꾸어 자주성을 양성하고 존중하는 방향으로 지향하는 것이 좋을 것이다. 직장 룰이나 업무방식 등도 그 원칙의 엄격함까지는 좋지만, 실제로 적용할 때에는 다소 부드럽게 부하의 자발성을 유도하는 방법을 택한다.

모범을 보이는 규범형 스타일로부터 지도

같은 케이스로서 이번에는 새로운 리더가 규범형 스타일을 선택한 경우에는 어떻게 되었을까.

새로운 리더 F씨는 부하에게 모범을 보이는 것으로 조직의 분위기를 변화시켜 가기 시작했다. 업무 거래처에 적극적으로 다니면서 자사제품의 장점이나 관리의 확실성 등을 알리고 사후관리 또한 잊지 않았다. 직접 담당자가 해야 할 것도 자신이 먼저 해보여 그것을 성공모델로서 잘 기억하게 한 후에 부하가 실제로 해보게끔 하면서, '그렇게 하면 안 된다든지 그것은 이렇게 하라든지' 지나칠 정도의 어드바이스도 해주었다.

자신이 하는 것을 부하도 따라하도록 요구하며 솔선수범 지도하는 방식으로 부하의 의욕이 솟아나게끔 노력했다. 출근시간의 나태함까지도 자신이 정각 30분 전에 출근하여 부하도 어쩔 수 없이 따라오도록 하는 방식으로 개선해 갔다.

부하의 자주성을 인정하지 않는 규범형 스타일이지만 스스로 땀 흘리고 물에 뛰어드는 열혈지도형의 리더라는 것을 부하에게 확실하게 전달시키고, 자신이 한 것과 똑같이 따라하는 부하에게는 그 성과를 아끼지 않고 평가했다. 일인 몫을 다할 때까지는 언제까지라도 반 사람 몫으로 취급하고, 불가능한 사람은 가능해질 때까지 언제까지라도 계속 훈련해 간다는 것이 F씨로부터 부하들이 항상 들어온 말이다.

목표의 명확화로 잠재능력이 개화

이런 규범형 스타일을 선택함으로써 부문체질이 상당히 개선되는 결과가 나타났다. 자유도는 낮아졌지만 책임감과 목표감은 높은 수준까지 올라가고, 방향감과 일체감은 중간수준까지 향상되었다. 상사가 스스로 모범을 보임으로써 업무의 방향성이나 도달수준 등이 부하에게 전달되어 침투했기 때문이다. 또한 상사와 동등하게 열심히 일해서 성과를 올리면 플러스의 평가가 따라 온다는 것을 부하가 알게 되어, 자주성이나 책임감도 싹트기 시작한다.

이것은 원래, 멤버들의 잠재능력이 높았던 데에도 원인이 있다고 생각

그림 2-21 | 케이스 스터디 : 부문체질과 리더십 스타일의 상관관계(3)

주된 리더십 스타일

- 우선 자신이 실행해 보이면서 성공모델을 제시하여 처음부터 다시 재훈련할 계획하에 부하가 자기관리를 해줄 것을 기대한다.
- 부하의 자주성을 인정하지 않는 독재적 스타일이나 자신이 솔선해 땀 흘리는 것을 게을리하지 않는다.
- 우선 업적을 올리는 것에 주력한다.
- 결과를 낸 사람을 적극적으로 평가한다.

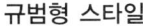 규범형 스타일

부문체질

- 조직의 방향성이나 기준이 침투해 있다.
- 열심히 하면 플러스 평가를 받는다는 것이 이해되어 자주성이나 책임감도 싹트게 된다.
- 상호 신뢰나 팀에 대한 헌신, 멤버로서의 자부심이라는 기능조직으로서의 의식이 서서히 높아져 가고 있다.

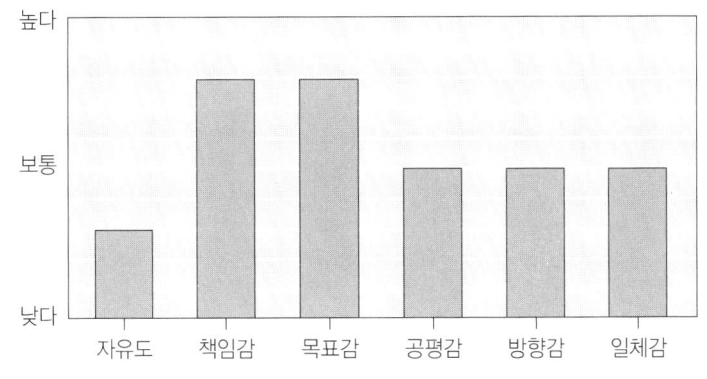

된다. 지금까지는 업무의 방향성 등이 명확하지 않아서 멤버가 강한 의욕이나 능력을 발휘할 수 있는 목표와 방향을 보여줄 수 없었지만, 리더가 스스로 솔선수범해 보임으로써 그 수문이 열리게 된 것이다.

이와 같이 멤버가 우수한 능력을 갖고 있지만 부문체질이나 리더 때문에 동기유발이 저하된 경우에는, 규범형 스타일이 유효하게 작용하여 부문체질의 개선에도 좋은 영향을 줄 수 있다.

그 다음에는 역시 부하에게 위임하는 방향으로 조금씩 실천해가면서 그들의 개성을 키워주는 육성형 스타일을 병행하며 '위임에 능숙한' 리더를 지향하는 것도 중요하다.

3

EI와 리더십

1. EI가 리더십의 기반
2. EI란 무엇인가
3. EI의 기본능력 : (1) 자기인식
4. EI의 기본능력 : (2) 자기관리
5. EI의 기본능력 : (3) 대인이해
6. EI의 기본능력 : (4) 대인스킬
7. EI를 높여서 리더로서 성장한다

제3장

티와 리더십

 티가 리더십의 기반

'유능한 리더'와 '무능한 리더'의 차이점이란?

인간미 넘치는 골목대장은 출세를 하지만 학급위원을 맡은 수재는 사회에 나오면 의외로 두드러지지 못하는 경우가 많다. 이미 언급하였지만 이것은 단지 비유적인 표현에 지나지 않는다. 비즈니스 사회에서는 항상 일어나고 있는 사실임에 틀림없다.

유능하면서 풍부한 지식과 전문성을 갖추고 있어서 장래의 간부후보로 여겨지던 사람이 막상 관리직의 자리에 취임하게 되면 믿을 수 없을 정도로 통솔력이 부족해서 리더로서의 무능함이 속속 들어나 버린다.

반대로, 평사원 시절에는 그다지 눈에 띄지 않고 기술이나 지적 능력도 평범한 부류였던 사람이 부하가 생기면서 갑자기 부하의 인망을 받고 그들의 사기를 진작시키면서 상사로서 대단히 높은 수준의 리더십 스타일을 발휘하게 된다. 기업에 근무하는 사람이라면 누구라도 이런 이야기를 한 번 정도는 들어본 적이 있을 것이다.

이런 차이점은 어디에서부터 발생하는 것일까. 여러 가지 이유를 생각해 볼 수 있겠지만 결론을 이야기하면 두 사람의 '인간력' 차이에 의한 것이 크다고 말할 수 있다.

이러한 '인간력'에 대해서 최근 매우 흥미로운 체계적인 개념이 유명해지고 있다. 그것은 EI(Emotional Intelligence)라고 불리는 능력이다. EI는 EQ(Emotional Quotient)라고도 불려진다. 이른바 마음이나 감정의 지능지수로 비유되는데, 감정의 안정감이나 인간으로서 성숙도의 높이를 나타낸다.

그림 3-1 ┃ EI가 리더십을 지탱한다

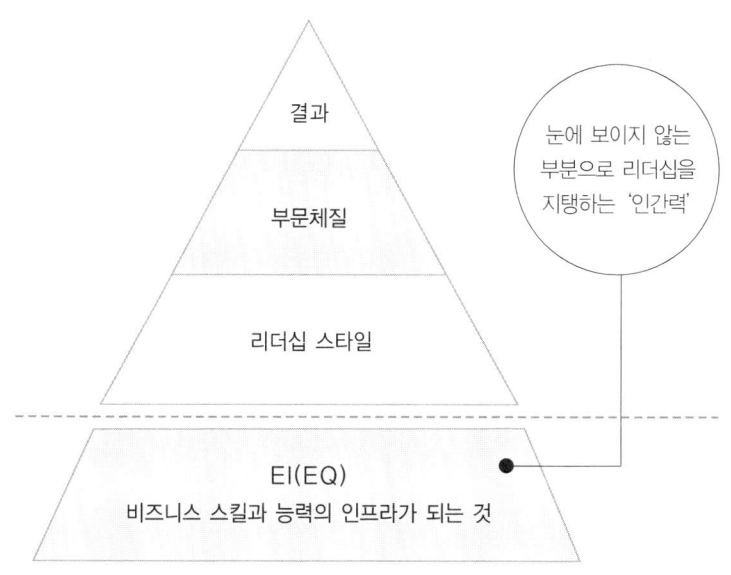

회사란 IQ로 입사하여 EI로 출세하는 곳

우리 헤이그룹은 수많은 경영자나 임원들과 만날 기회가 많다. 그 경험으로부터 알 수 있는 확실한 사실은 '유능한 리더일수록 겸손하다'는 점이다. 부하의 신망을 받으면서 높은 성과를 내는 리더일수록 사람들과 원만하게 접촉하며 정중하고 절도 있게 대응한다.

또한 그것은 비즈니스상의 테크닉이 아닌 인간성 그 자체로서 몸에 배어 있는 것이다. 훌륭한 리더일수록 지식이나 기술이 뛰어날 뿐 아니라 '인간적인 완성도가 높다'라는 인상을 상대방에게 준다. 이러한 매력을 유능한 리더는 예외 없이 갖추고 있다.

이와 같이 유능한 리더에게는 EI가 높다는 공통점이 있으며, EI와 리더십은 비례한다는 사실이다. 회사라고 하는 곳은 'IQ로 입사하여 EI로 출세하는 장소'라고 말할 수도 있다.

우수한 리더는 '知'와 '情'이 뛰어나다

여기서 중요한 것은, 머리가 좋고 일을 잘 한다고 해서 반드시 EI가 높다고 말할 수 없다는 점이다. 즉 IQ(지능지수)와 달리 EI는 균형 잡힌 인간으로서의 성숙도를 갖춘 '종합적인 인간력'을 나타내는 것이다.

앞의 예를 들면, 학급위원은 IQ가 높지만 출세한 골목대장은 EI가 높다. 조직의 리더 중에서 승진하고 나서야 잠재능력을 개화시키는 타입의 비즈니스맨은 EI가 뛰어나다고 말할 수 있다.

이것이 시사하는 것은 무엇인가? 그것은 '知'가 뛰어난 것만으로는 부하의 마음을 장악해서 높은 업적을 내는 리더가 될 수 없다는 사실이다. 리더에게 요구되는 것은 개인으로서 업적을 올리는 것이 아니라, 자신이 이끄는 팀 전체의 업적을 올리는 것이다. 이를 위해서는 부하와의 사이에

그림 3-2 | 유능한 리더가 되는 2가지 조건

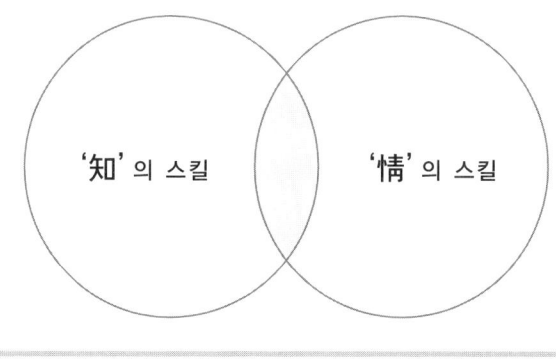

양쪽을 갖추고 있는 사람이 유능한 리더가 될 수 있다

신뢰감을 기초로 인간관계를 구축하는 것이 가장 기본조건이 된다. 리더로서 'EI'을 갖고 있는지 여부는 리더로서의 기반이 되는 것이다.

2 EI란 무엇인가

'EI 리더'에게 필요한 4가지 기본영역

전항에서 기술한 바와 같이 비즈니스 세계에서 EI는 모든 능력의 토대가 되며 성공의 가장 중요한 열쇠가 된다. 그러면 EI란 구체적으로 어떤 능력을 말하는 것일까?

리더에 필요한 EI는 다음 4가지 기본영역으로 구성되어 있다.

① **자기인식** : 자신의 감정이나 심리적인 특징(경향이나 한계, 장점이나 단점 등)에 대해 스스로 잘 파악하고 있는 것을 말한다. 자신의 마음

을 잘 읽어 내는 힘이며 4가지 EI 영역 중 기본 축이 되는 인자이다.

② **자기관리** : 자기의 감정을 컨트롤하는 힘을 말한다. 그때 그때의 감정에 좌우되지 않고 감정을 스스로 통제해서 외부를 향해 안정된 태도나 행동을 취한다. 또한 자신을 적극적으로 동기부여시킨다. 이른바 마음의 방향을 잡는 능력이다.

③ **대인이해** : 타인의 감정을 읽어 내어 그 사고방식을 이해하고, 타인의 중요한 사정에 적극적으로 관심을 보이는 힘, 타인에 대해 배려나 동정심을 나타내는 공감력, 요컨대 상대방의 입장이 되어 행동이나 문제에 대처할 수 있는 힘을 말한다. 예를 들어 서비스업에 있어서의 대인이해는 고객지향으로 나타난다.

그림 3-3 | 4가지 기본 능력

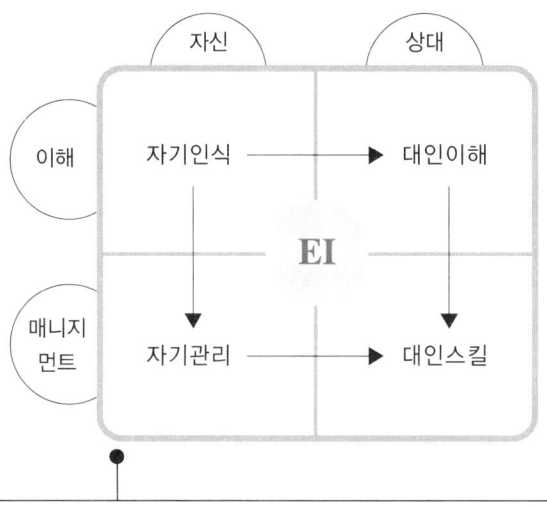

티를 높이기 위해서는 우선 자신의 축(자기인식, 자기관리)을 강화하고, 마음으로 상대의 축(대인관계, 대인스킬)을 강화한다. 부하를 움직이기 위해서는 자기자신을 매니지먼트할 필요가 있기 때문이다. 또한 이해의 축을 강화함으로써 매니지먼트의 축을 더욱 발휘할 수 있다.

④ **대인스킬** : 타인과의 관계를 능숙하게 관리할 수 있는 능력으로서 자신이 원하는 방향으로 타인을 움직이는 힘을 말한다. EI의 다른 3가지 인자를 활용한 결과로 나타나는 종합적인 휴먼스킬이다. 이것은 다양한 대인스킬로 표현된다. 설득력 있는 커뮤니케이션 능력이나 강한 메시지 전달력이라든지, 타인을 '그 마음이 되게 하는 힘' 등을 예로 들 수 있다. 네트워크나 팀워크를 형성하는 힘, 타인에 대한 지도력이나 육성력 등 그 어느 것도 리더십에서는 중요한 인자가 된다.

EI란 '감정을 능숙하게 다스리는 능력'이다

말로 설명하면 오히려 어렵게 느껴질지 모르겠지만, EI이란 '자기 자신을 알고 타인을 아는 힘'을 의미하며, 따라서 '자신을 신장시키고 타인을 세워주는 힘'을 말한다.

유능한 리더가 되기 위해서는 자기 자신과 인간관계를 효과적으로 매니지먼트하는 EI라고 하는 기본능력을 몸에 지닐 필요가 있다. 이와 같이 생각하면, 이른바 EI란 비즈니스에 필요한 모든 능력의 분모로서, 비즈니스맨의 경쟁력의 원천이 된다는 것을 알 수 있다.

특히, 부하를 통솔하면서 조직을 매니지먼트하는 역할을 맡고 있는 리더에게 있어서 EI는 반드시 갖추어야 할 필수조건이다. 왜냐하면 EI가 부족한 리더는 정확하게 말하면 부하의 의욕을 강화시키지 못해서 그들에게 강하게 동기부여를 할 수 없기 때문이다.

앞에서, 사람을 움직이는 것은 논리가 아닌 분위기라고 언급했다. 머리가 좋거나 예리한 분석력 등 이른바 '知' 능력만으로 멤버를 이끄는 리더십 스타일(지시명령형 스타일이나 규범형 스타일이 해당된다)로는 그 효과에 한계가 있다.

역시 종합적인 인간력이 풍부한 리더가 아니면 부하의 마음을 실질적으로 장악하거나 인재를 육성해 가기가 어렵다. 부하에게 '저 사람을 위해서라면'이라고 생각이 들게 만들어 뿌리로부터 동기부여를 시키는 것은 EI만이 할 수 있는 대단한 능력이다.

EI는 성과로 직결된다

또한 EI는 조직의 업적과도 강한 인과관계가 있다. 높은 비즈니스 성과를 만들어 내는 요인으로 IQ나 기술적 숙련도 등 다양한 능력을 비교해 본 결과, EI가 다른 요인보다 훨씬 큰 영향력을 미친다는 것이 몇 번의 연구결과로 분명해졌다. EI는 성과주의 시대의 리더십 스타일에 필수적인 조건이다.

3 EI의 기본능력 : (1) 자기인식
― 본질의 자신을 객관적으로 파악하는 힘

바른 자기인식은 자신(自信)으로 연결된다

그러면 다음으로 EI의 4가지 기본능력 '자기인식', '자기관리', '대인이해', '대인스킬'이 리더십과 어떻게 연관되어 부하와의 관계나 부문체질에 어떤 영향을 주는지에 대해서 살펴 보자.

최초의 자기인식은 자신의 감정이나 심리상태, 성격상의 장단점, 능력상의 적성 등 자신의 특성을 잘 이해하는 것이다. 따라서 자기인식에 뛰어난 사람은 자신의 감정이 주위와의 인간관계나 자신의 업무결과에 어떻게 영향을 주는가에 대해서도 정확히 파악할 수 있다.

단순한 예이지만, 자신은 중압감에 약한 타입이며 납기에 쫓기고 있는

그림 3-4 ┃ 자기인식의 특징

자기인식	
자신의 감정이나 심리, 성격상의 장·단점, 능력상의 적성 등 자신의 특성을 잘 인지하고 있는 것	대인이해
자기관리	대인스킬

상태이다. 엄격한 일정에 맞춰 업무를 수행하면 생각한 만큼의 능력을 발휘할 수 없는 자신의 특성을 정확히 인식하고 있는 사람이라면, 사전에 꼼꼼하게 스케줄을 세워 조금씩 업무를 소화해 가는 방식으로 자신의 능력을 충분히 발휘하면서 기한까지 여유를 갖고 업무를 완료시킨다. 그러한 업무진행 방식에 유의할 수 있어서 결과적으로 실패를 피할 수 있는 것이다.

바른 자기인식이란 즉 객관적인 자기평가이며, 그것은 달성능력이나 자신을 양성시키는 것과도 연결된다.

자신의 가치를 객관적으로 파악할 수 있다

자기인식이 뛰어난 리더는 자신의 가치를 잘 이해하고 있으므로 자신의 능력수준에 맞는 '등신대'의 목표를 세워서 착실하게 업무를 소화해 낼 수 있다.

단지 자신에 대해서만 숙지하고 있는 사람은 자칫하면 조직 내에서, 건실하지만 패기나 추진력이 부족한 인재로 보여질 수 있다. '그것이라면

저에게 맡겨주십시오' 라고 호언장담하지도 않고, 자신 없는 분야를 냉정하게 지켜보며 그것을 주위에 전하기도 한다. 따라서 능력은 있지만 활기나 의욕이 모자라는 사람으로 생각되기 쉽다.

특히 리더로서는 사람 위에 서서 부하를 인솔해 갈 만큼의 '강인함' 이나 '카리스마' 가 부족하다고 여겨지기 쉽다. 자기인식이란 표면에 나타나지 않는 능력이니만큼 그 가치를 정당히 평가하기가 어렵다.

자기인식이 안 되는 리더는 맡기는 것도 미숙

리더의 중요한 임무 중에 임파워먼트(권한위양)가 있다. 유능하지만 자기인식을 바르게 하지 못하는 상사일수록 그것이 서툴다. 부하보다 자신이 우수하므로 부하에게 업무를 맡기기보다 자신이 하는 편이 빠르다고 생각하면서, 부하에게 맡겨야 할 업무도 자신이 떠맡아 버리는 경향이 있다. 부하를 신용하지 않으면 당연히 부하에게 신뢰를 받을 수도 없다. 인재육성 면에서 리더로서는 실격이다.

때로는 자신의 한계를 부하에게 보여주는 것도 필요하다

또한 자기인식이 뛰어난 리더는 조직에 친화력을 불러 오고 부하의 능력을 이끌어 내어 문제해결로 연계시킬 수 있다. 예를 들어, 리더로서의 자신의 결점이나 한계를 인식하고 그것을 부하에게 솔직히 알렸다고 하자. 부하는 '뭐야 과장님도 우리들과 같은 고민이 있었던가' 라는 친화감을 분명히 갖게 될 것이다. 조직에서 때로는 자신을 드러내 보이는 것이 인심장악이나 팀워크 형성에 상상외의 큰 효과를 안겨 준다.

때로 부하는 상사가 안고 있는 문제에 대해서 '나라면 이렇게 할 텐데……' 라는 자기 나름대로의 해결책을 갖고 있기도 하다. 그러한 아이디

그림 3-5 ｜ 자기인식이 조직에 미치는 효과

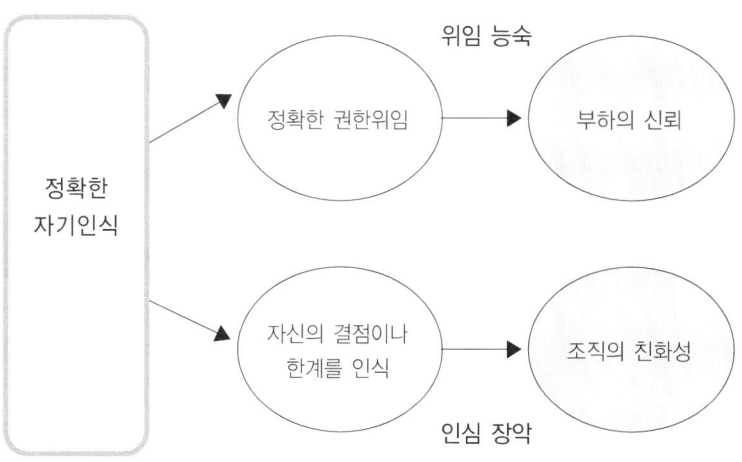

어느 상사가 부하와 상담을 할 경우나 부하에게 말을 꺼낼 때마다 계속 나오게 되어 문제해결에 유효하게 도움이 되는 경우도 많다.

4. EI의 기본능력 : (2) 자기관리
― 자신의 감정을 컨트롤하는 힘

감정에 빠져 부하를 질책하고 있지 않은가

자신의 감정을 컨트롤하는 것은 리더뿐 아니라 모든 비즈니스맨에게 불가피한 조건이다. 이에 대해 다시 한번 설명할 필요는 없을 것이다.

때때로, 방문객이 있는데도 개의치 않고 부하를 큰 소리로 야단치는 경영자나 리더가 있다. 이는 부하의 마음을 위축시킬 뿐 아니라 같이 있는 제3자에게도 좋지 않은 기분을 갖게 만드는 극히 거북한 행동이라고 말할 수 있다. 이런 사람은 자신 안에서 솟구치는 파괴적인 감정이나 행동을 억제하는 것이 서투르며, 즉 자기관리라고 하는 EI 능력이 부족하다고 말할 수 있다.

질책방법에서 리더의 자기관리가 나타난다

이와 같이 리더에게 자기관리 능력이 있는지 여부는 부하를 질책하는 방식 하나에서도 잘 나타난다. 여러 사람이 보는 가운데 히스테릭하게 화내는 상사, 핑계는 듣고 싶지 않다며 부하의 변명이나 도망갈 길을 완전히 막아버리는 질책방식, '앞으로 주의하겠다고 말하지만 이번에도 말뿐이겠지'라며 처음부터 부하의 변명을 들으려 하지 않고 냉소하는 질책방식, 질책하는 것으로 부하에게 책임전가를 하는 상사, 이러한 경우는 질책이 아니라 자기관리가 안 되어 감정이 향하는 대로 화를 부추겨 가는 것일 뿐이다.

그림 3-6 ㅣ 자기관리의 특징

자제심이 강한 리더는 부하로부터 신뢰받는다

반대로 자제심이 풍부한 리더는 부하의 실수를 냉정하게 지적하고 정중한 어조로 논의하면서 이것은 이렇고 저것은 저렇다는 등 할 말을 정확히 전달하는 질책방식이 가능하다. 이러한 리더는 부하로부터 신뢰를 받고 그 냉정함이 주위로 침투되어 안정된 부문체질을 만들어갈 수 있다.

어느 경영자는 부하를 야단치고 싶을 때는 하룻밤 자고 난 후에 야단을 친다고 말했다. 현자(賢者)의 지혜라고 말할 수 있다. 흥분된 감정이 하룻밤사이에 진정되면서 절제된 행동을 할 수 있기 때문이다.

리더가 반드시 구비해야 할 능력

또한 리더의 자기규제 능력은 냉정한 판단력과도 맥이 통하며 조직의 나아갈 방향에 어긋나지 않는다. 실수나 사고에도 침착히 대응하고 그 피해를 최소한으로 그치게 할 수 있다. 역으로, 기회를 정확하게 포착해서 조직의 이익으로 연결시킬 수 있다. 리더의 자기관리 능력은 조직 경쟁력의 원천이 된다.

감정을 억제하는 것은 또한 심사숙고나 사려 깊음과도 맥이 통한다. 이 자질은 앞서의 자기인식처럼 정확히 평가되기는 어려운 것이지만 리더가 반드시 구비해야 할 능력이라고 말할 수 있다. 감정을 표면으로 나타내면서 부하를 질타하거나 격려하는 것이 경우에 따라서는 필요하지만 그것을 리더의 강인함이나 카리스마라고 생각하는 것은 잘못이다.

사려 깊음이 나타나는 자기관리는 리더십에 있어서 눈에 띄지 않는 골격이라 말할 수 있다. 열심히 하는 행동의 뒷면에는 언제나 사태를 객관적으로 측정하는 기준으로서의 냉정한 눈이 필요하다.

게다가 자기관리는 달성지향 강도의 원인이 되기도 한다. 자제심이 뛰어난 사람은 달성의욕을 발판으로 자신을 강하게 동기화할 수 있다. 보수

그림 3-7 | 자기관리력이 낮은 리더의 질책법

1	다른 사람 앞에서 야단친다.
2	변명을 듣지 않는다.
3	냉소하듯이 야단친다.
4	야단침으로써 책임 전가를 한다.

↓

이런 질책법의 리더는 부하의 마음을 낙심시킨다

나 출세보다도 '좋은 일을 하고 싶다', '좀더 높은 수준의 기술을 습득하고 싶다' 면서 업무능력 향상에 자부심을 갖고 에너지를 쏟을 수 있다.

따라서 현상태에 만족하지 않고 끊임없이 자신이 정한 업적기준이나 목표에 힘을 기울여 그것을 명확하게 달성해 가면서 다음 단계의 목표달성을 향해 더욱 동기부여시켜 갈 수 있다. 의욕과 향상이라는 나선형의 순환을 자율적으로 그려가면서 실행할 수 있는 사람이라고 말할 수 있다.

이러한 달성지향이 리더십을 강하게 만드는 필수조건이 된다는 것은 바로 이해할 수 있을 것이다. 스스로에게 명확한 업적기준을 설정할 수 있는 사람은 부하에게도 알기 쉽게 유익한 비전을 제시해 줄 수 있기 때문이다.

우수했던 인재가 무능한 상사가 되는 이유

항상 업무를 열심히 수행하고, 고객에게는 인간적인 친숙함으로 좋은 평판을 얻고, 상사에게는 시원시원하게 의견과 반론을 제기한다. 동료와 후배 중에서 눈에 띄고, 미팅시의 농담에도 '안 돼 그런 식은' 이라고 말하면서 모두가 있는 앞에서 자신 있게 자기의견을 주장한다.

상사의 입장에서는 이와 같은 부하가 믿음직스럽게 여겨져서 팀을 이끌어 가는 데 어울린다는 생각으로 결국 리더로 발탁한다. 처음에는 선두에 나서서 열심히 일을 하지만 회사로부터 팀 전체의 성과향상을 요구받으면 그도 어쩔 수 없게 되고, 회사의 방침 변경에 능숙하게 대응하지 못하게 된다.

부하에게는 '마음대로 생각해라', '왜 그 정도밖에 모르는가' 라고 말하는 한편, 잘 진행되지 않을 때에는 '그 정도밖에 못하다니……', '마음대로 진행하지 말라'고 말해 버린다. 결과적으로 팀은 통합이 이루어지지 못하고 업적도 저하된다.

이와 같은 사례는 유감스럽게도 예외적인 일이 아니다. 개인적으로는 매우 우수하고 믿음직스럽게 여겨지던 인재가 실제 상황에서 혹은 리더가 되어서는 반드시 그 역할을 완수할 수 있다고 말할 수 없다. 상기의 예를 보면 그 '우수함과 믿음직스러움'이 자기인식 및 자기관리와 비교해 볼 때 대인스킬로 돌출할 가능성이 높다.

한편 어떤 조직에 있어서나 눈에 띄지는 않지만 의지가 될만한 인재가 있기 마련이다. 항상 주장을 내세우는 것은 아니지만 핵심을 파악한 의견을 제시하고, 모두가 동요하는 경우에도 냉정하게 응답하며, 모두의 냉정함을 찾게 하는 '그림자 같은 중심 인물' 인재이다.

물론 그와 같은 사람도 감정이 있고 스트레스를 느낄 것이다. 단지 감정이나 스트레스와 잘 맞선다고 말할 수 있다. 자신의 감정이나 강점과 약점을 자기인식하면서 상황에 맞게 방향을 잡아가는 것이다.

EI의 사고방식으로 말한다면 대인관계 능력과 자기인식, 관리능력 간에 균형을 유지하는 것이다. 최종결과는 대인관계를 능숙하게 소화해 내는 것이지만, 자신 축의 능력에 초점을 맞추는 것이 EI 사고방식의 커다란 특징이라 말 할 수 있다.

5 리의 기본능력 : (3) 대인이해
 - 부하의 마음을 읽어내는 능력

인간관계의 특징을 살펴서 의사결정에 사용한다

대인이해란 사람의 감정을 읽어내고 사고방식을 이해하는 힘이며, 타인을 배려하면서 상대의 기분이 되어 행동할 수 있는 능력이다. 이러한 '부하의 마음을 헤아려 배려할 수 있다'는 대인이해는 EI 능력일 뿐 아니라 리더십의 중요한 기반이 된다.

또한 대인이해 능력은 예민한 '조직감각'으로서도 나타난다. 직장내 인간관계의 움직임이나 불화 등을 민감하게 살피고 그것을 해결해 나가며, 팀의 합의형성이나 의사결정에 사용할 수 있다. 조직은 살아 숨쉬게 방치해 놓으면 바로 의견대립이나 파벌 등이 생기기 쉽다.

이 때, 리더가 멤버 전원의 생각이나 의사를 관찰해 그것을 이해하는 능

그림 3-8 | 대인이해의 특징

자기인식	대인이해 · 타인의 감정을 읽어내고, 그 사고방식을 이해하는 힘 · 타인에 대해서도 배려나 동정심을 나타내는 공감능력
자기관리	대인스킬

력이 뛰어나다면 조직 내부의 의견 대립이나 의견 불일치를 원만히 해결해 갈 수 있다. 조직 멤버와의 1:1 대화를 통해, 모두가 무엇에 불만이 있으며 동료를 어떻게 평가하는지에 대해 잘 듣고 이해하고 걸러내 가면서, 불만을 해소시키고 해결책을 보여 주는 것이 가능하다.

부하의 말에 귀기울이는 '경청력'이 높다

높은 수준으로 대인을 이해할 수 있는 리더는 앞에서 기술한 바와 같이 부하의 이야기를 차분히 들어 줄 수 있다. 자칫하면 대인이해 능력이 뛰어난 리더는 자신이 이야기하는 것보다 상대의 이야기를 들어 주는 시간이 길어진다.

사람이 사람을 설득할 때에 웅변적인 장황함으로 행동하기 쉬운데 이것은 역효과를 준다. 사람을 설득할 때의 대원칙은 '상대가 이야기하게끔 한다'라고 D. 카네기가 말했다.

이야기하게 한다는 것은 결국 듣는 것이다. 부하의 마음을 장악하려 한다면, 그들의 제안, 어려운 사정, 불만 등에 대해 진지하게 귀를 기울이는 것이 중요하다.

그렇게 함으로써, 그들의 감정이나 심리를 이해하고 문제점을 추출한 다음에 해결책을 생각해 간다. 이러한 리더의 자세에 부하는 감동에 가까운 마음을 갖게 된다. 이른바 경청력은 리더십의 중요한 요소이며, 그것은 대인이해라고 하는 EI 능력으로부터 나온다.

부하의 의욕에 불을 당기는 것에 능숙하다

부하 중에는 자신의 감정을 말로 정확히 표현하지 못하는 사람도 있다. 뭔가를 말하려고 해도 표현을 잘 하지 못하고 머뭇거리고 만다. 이런 부하의 심리상태나 그가 무엇을 말하려 하는지를 정확히 살피는 '통찰력'도 공감능력 없이는 발휘할 수 없다.

더욱이 대인이해에 뛰어난 사람은 부하에게 기대감을 나타내는 코칭기술도 뛰어나다. '자네라면 할 수 있어', '자네가 아니면 할 수 없어' 라는 언어적인 기술로 격려하면서 부하에 대한 기대감을 표명하고 부하의 능력이나 생산성을 강화시켜 갈 수 있다.

행동심리학의 유명한 실험에서도 사람이 사람에 대하여 '분명히 그렇게 될 것이다' 라고 그 가능성을 기대하면, 상대도 그것에 맞추기 위해 노력함으로써 좋은 결과가 나온다는 것이 입증되었다. 주위로부터의 기대나 칭찬은 '나를 기대하고 있다. 주목하고 있다' 는 마음을 갖게 만들어 능력을 신장시키는 것으로 연결된다.

따라서 리더에게는 그러한 기대감을 표명하는 정교함이 필요하며 이것

그림 3-9 │ 대인이해를 높이는 것의 장점

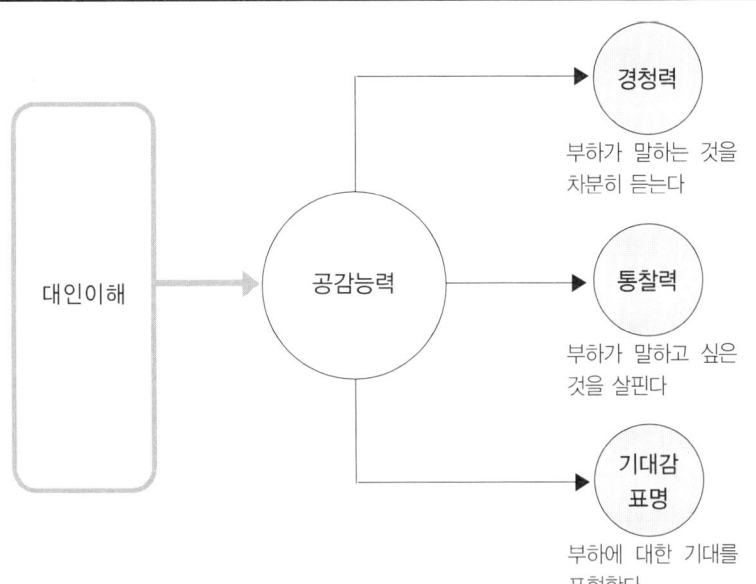

또한 공감능력으로부터 초래된다. 이와 같이 대인이해라는 EI 능력은, 간접적이지만 조직의 생산성이나 팀워크의 향상에 매우 중요한 역할을 하는 것이다.

6 EI의 기본능력 : (4) 대인스킬
– 부하에게 모티베이션을 높이는 힘

종합적인 대인 매니지먼트 기술

대인스킬은 타인과의 인간관계를 원만하게 매니지먼트하여 상대방을 자신이 바라는 방향으로 동기부여시킬 수 있는 힘을 말한다. 물론, 단지 '사람을 대하는 태도가 좋다' 라는 인간적인 자질에 머물지 않고 새로운 기획안에 동의를 얻어내는 설득력 등 의도적으로 사람을 움직이는 대인스킬을 가리킨다. 따라서 비즈니스에 있어서 대인스킬의 영역은 매우 광범위하다. 인간관계에서 주도권을 잡고 비전을 고취시킬 수 있는 리더십도 넓은 의미로는 이 대인스킬에 포함된다.

그 외에도 상대방의 이야기를 듣고 자신의 의견을 명확히 전달할 수 있는 커뮤니케이션 능력, 피드백과 지도를 통해 부하의 능력을 신장시킬 수 있는 인재육성력, 원만하지 못한 인간관계를 조정해서 양호한 상태로 유지시킬 수 있는 네트워크나 팀워크 구축능력 등 대인스킬은 그 범위가 광범위한 종합적인 매니지먼트 기술이다.

조직의 장으로서의 리더에게 필요불가피한 스킬이기도 한 이 대인스킬은 EI의 다른 3가지 능력을 기반으로 성립되므로 '종합스킬'이라 말할 수 있다. 자신의 감정을 파악하고 컨트롤하며 타인의 감정 또한 이해하고 공감한다면 이것을 통해 효과적으로 대인관계를 매니지먼트할 수 있기 때문이다.

그림 3-10 | 대인스킬의 특징

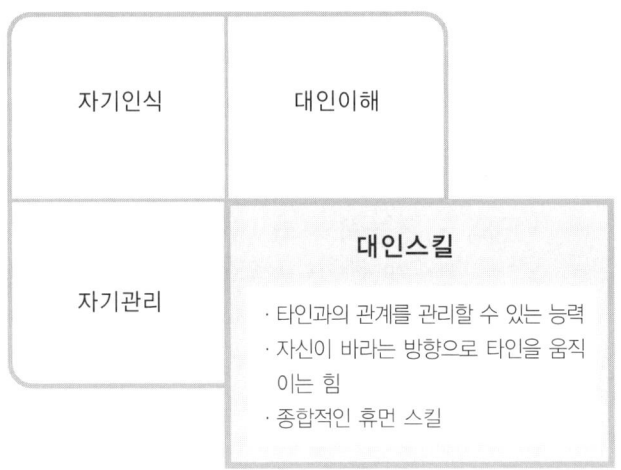

대인스킬이 뛰어난 리더는 인재육성도 뛰어나다

리더십에 있어서 대인스킬은 매우 다양하며 때로는 고도의 표현 스타일을 선택한다. 예를 들면, 부하를 육성하는 것과 부하를 상사와 동일하게 개성 없는 인물로 만드는 것을 엄격히 구분할 수 있는 상사 등이 그 부류에 속한다고 할 수 있다.

부하를 지도하면서 어느새 부하에게 리더로서의 자신의 방식을 강요하는 사람이 있다. 자신의 방법론이나 가치관을 강요하면서 자신의 '축소판'을 만드는 것이 인재육성이라고 착각하는 것이다.

그러나 동일한 발상과 동일한 행동양식을 지닌 획일적인 인재육성이 유효했던 것은 고도성장하의 대량생산시대였다. 지금은 부하육성에 있어서도 다품종소량형이 요구되고 있다. 동질의 인재를 매니지먼트하는 것이 아니라, 자신과는 다른 능력이나 개성을 갖고 있는 인재를 육성해 잘 관리하는 것이 리더에게 요구되며, 이 때 높은 수준의 대인스킬이 필요하다.

권한을 위임하여 부하의 잠재능력을 이끌어 낸다

또한 부하에게 현재의 능력 수준에 적합한 업무를 부여하지 않고, 그보다 다소 높은 수준의 업무를 위임한다. 이런 방법도 리더의 대인스킬로서 필요하다. 즉, 이 부하는 지금까지의 성장도로 볼 때 3년 후에는 이 정도로 신장하리라는 미래의 신장률을 예측하여, 이른바 기대치가 포함된 업무목표를 설정하는 방식이다. 그렇게 함으로써 부하의 역량 신장에 가속도가 붙게 된다. 사람은 자기 역량수준보다 좀 더 높은 목표를 설정했을 때 가장 능력을 발휘하는 경우가 많기 때문이다.

이것은 적합한 부하에게 적합한 권한을 주는 것이 아니라, 권한을 부여해 적합한 인간으로 양성하는 미래기대형의 인사와도 맥이 통한다. 이것도 '適所가 適材를 만든다'는 것을 활용한 대인스킬이라고 할 수 있다.

혹은 부하와의 동등의식을 잊지 않는 것도 대인스킬의 중요한 요건 중의 하나이다. 부하는 상사의 수족이나 일부분이 아니다. 직위와 경력만 다

그림 3-11 | 대인스킬을 강화하기 위해서는?

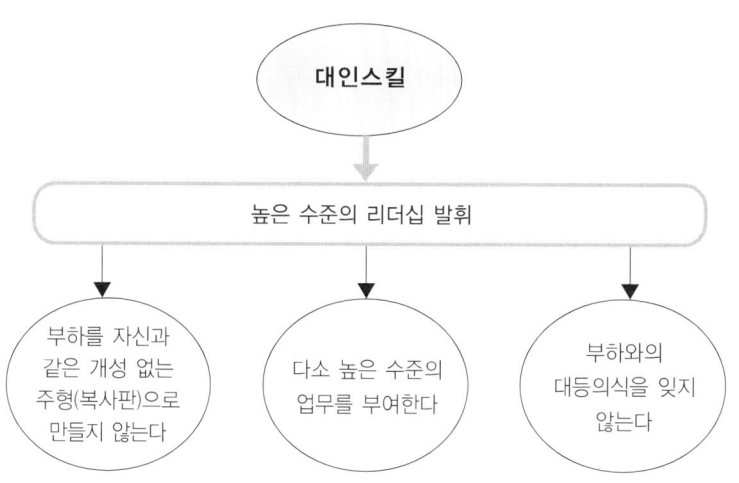

를 뿐 그 외에는 모두 대등한 입장이다. 이것은 리더가 잘 인식해야 할 점이다.

이것을 잊게 되면 부하 육성이 '작위적'이 되고 단순히 기술적으로 빠져 버리게 된다. 사람을 육성한다는 것은 역시 인간적인 것이며 테크닉은 부차적인 문제에 지나지 않는다. 이 점이야말로 리더십에 있어서의 EI라고 하는 '인간력'의 중요함을 의미한다.

7 티를 높여서 리더로서 성장한다

EI 향상은 착실한 노력에 의해 달성된다

EI을 강화하는 것은 생활습관을 바꾸는 것과 다름없는 행위이므로 단기간에 해결할 수 있는 노하우는 없다고 생각해야 한다.
- 자신의 모습을 직시한다.
- 자신의 모습에 대한 정보의 피드백을 수집한다.
- 항상 플랜을 반복 실행한다.

자기변혁의 의욕을 잃지 말고 이러한 포인트를 반복해서 실행하는 것 외에는 EI을 양성하고 향상시키는 길은 없다고 이해해야 한다. 사람은 기업의 가장 중요한 경영자원이다. 그러한 사람을 육성하기 위해서는 리더는 한 인간으로서 부하와 진지한 대화를 나누어야만 한다. 부하라는 인간에게 자신이라는 인간을 똑바로 상대시켜서 동일한 인간으로서 '필사적으로' 접근하는 것이 가장 효과적인 인재육성법이 된다.

그림 3-12 | EI를 강화하는 방법

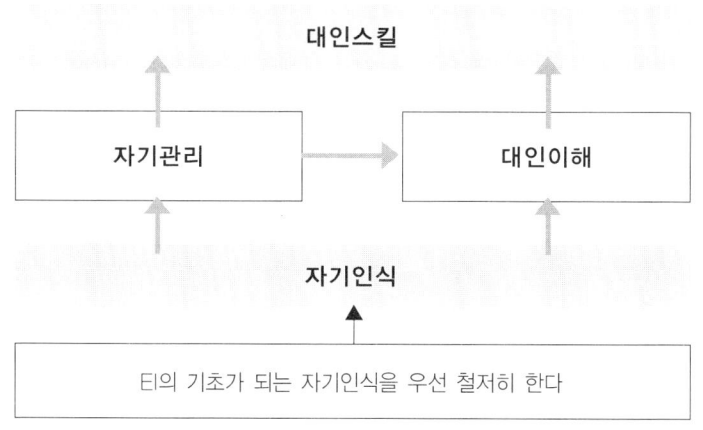

당신이라는 '인간'을 그대로 부하에게 대하라

어느 경영자는 성과를 올린 간부나 사원에게 휴일도 상관하지 않고 집으로 전화해서 '이번 달은 아주 잘 해주었어. 수고했어' 라는 예의를 전달한다고 한다. 그것은 인심수람(人心收攬) 테크닉이 아닌 마음으로부터의 예의이며 그 경영자는 'EI'에 의해 부하의 마음을 확고히 매니지먼트할 수 있다.

단지, 그 등신대의 육성법이 효과를 나타내기 위해서는 리더가 진지하지 않으면 안 된다. 사명감이나 마음자세의 강도 등 자신의 인간성을 직접적으로 부하와 부딪힐 각오 없이는 부하를 마음으로부터 설득할 수 없다. 리더십을 자동차 운전과 같이 단순한 테크닉으로 취한다면 실패하게 된다. 그것은 어디까지나 당신의 인간력을 기반으로 그 위에서 성장해 가는 줄기와 잎인 것이다.

4

리더십을 단련하기 위한 준비

1. 워밍업 - 4장과 5장의 구성과 목적에 대하여
2. 부문체질의 개선포인트를 명확히 한다
3. 강화해야 할 리더십 스타일을 특정한다
4. 리더십 스타일을 지탱하는 컴피턴시란 무엇인가?

제4장
리더십을 단련하기 위한 준비

 워밍업
 – 4장과 5장의 구성과 목적에 대하여

리더십을 이론적으로 트레이닝하는 방법

제1장부터 3장에서는 리더십 스타일의 특성이나 부문체질과의 연관성, 리더십을 지탱하는 EI에 대해서 설명하였다. 그러나 여기까지는 이른바 리더십의 이론편이다.

다음에는, 이러한 이론을 기초로 실제의 비즈니스 장면에서 구체적으로 어떠한 태도를 취하면 정확하게 리더십을 발휘할 수 있는지, 혹은 어떤 행동에 주의하면 리더십이라는 능력을 효과적으로 개발하여 가장 효율적으로 강화해 갈 수 있는지, 그 실천에 대하여 설명하려고 한다.

헤이그룹에서는 다음의 4가지 단계를 거치면서 리더십을 효율적으로 습득하고 실천할 수 있다고 생각한다.

우선 리더십을 단련하기 위한 준비로서 4장에서는 자신의 부문체질의 특징을 분석한다.

① 부문체질의 개선 포인트를 명확히 한다 (→ 125페이지)

1장에서 3장까지를 통해서 당신 부문의 풍토특성―강·약점과 장·단점―등을 어느 정도 파악할 수 있었을 것이다. 더불어 '부문체질 간이진단 테스트'에 의해 부문풍토의 현상태를 분석하고 조직에게 필요한 개선점을 보다 명확히 알 수 있다. 즉, 현재 당신의 조직에게 부족한 부문체질의 요소를 명확히 한다.

② 강화해야 할 리더십 스타일을 특정(特定)한다

①에 의해 부문체질의 개선점(부족한 요소)을 알게 되면, 다음으로는 그것을 변화시키거나 강화시키기 위해서 어떤 리더십 스타일이 가장 유효한가를 리더십 스타일과 부문체질의 관계도 [그림 4-4]를 참고로 하여 산출해 낸다. 그것이 지금 당신이 가장 강화해야 할 리더십 스타일이다.

다음으로 5장의 트레이닝으로 들어간다

③ 리더십 스타일을 단련한다 (→ 136페이지)

②에 의해 도출된, 당신이 가장 강화해야 할 리더십 스타일을 각각의 방법에 따라 개발해서 강화한다.

④ 리더 행동의 실천과 사후체크 (→ 172페이지)

실제로 리더십 행동을 실천한다면 무엇이 변화하는지 그 변화나 효과를 사후평가한다. 또한 ①~④까지의 사이클을 반복 시행하며 상황에 맞는 리더십 스타일을 적절하게 사용하여 조직풍토를 자유자재로 매니지먼트할 수 있는 완성도 높은 리더십을 습득할 수 있다.

그림 4-1 ┃ 리더십을 단련하는 4가지 STEP

Step ④ 사후평가와 계속
Step 1~4 사이클을 검증하여 자신에게 어느 정도의 리더십이 몸에 배어 있는지, 부문체질이나 업적이 변화하는지를 체크한다. Step 4까지의 사이클을 계속 수행함으로써 비약을 목표로 한다.

Step ③ 리더십 스타일의 개발과 실천
Step 2를 통해 당신이 단련해야 할 리더십 스타일을 산출해 낸다. 그 리더십 스타일에 대해 구체적인 강화방법이나 노하우를 스타일별로 학습하고, 스타일을 근저에서 지지하는 컴피턴시를 강화한다.

Step ② 필요한 리더십 스타일을 특정화
Step 1에서 부문체질의 특성을 파악했으면, 다음으로는 당신이 이끌고 있는 팀의 부문체질을 개선하기 위해서는 어떤 리더십 스타일이 유효한가를 산출한다.

Step ① 부문체질의 개선 포인트 명확화
당신이 이끌고 있는 팀의 부문체질을 분석한다. 1장에서 언급한 자유도, 책임감, 목표감, 공평감, 방향감, 일체감의 6가지 부문체질을 형성하는 요소 중 어느 것이 취약한지를 명확히 한다.

다음 항목 이후부터는 ①~④의 실천방법을 소개한다. 각각의 리더십 스타일별 강화방법과 행동특성을 참고하면서 직접 실천해 봄으로써 리더십의 개발과 획득에 도움이 되기를 바란다.

2 부문체질의 개선포인트를 명확히 한다

부문체질의 개선포인트는 자기판단이 가능하다

이 항목의 목적은 리더인 당신이 이끄는 조직의 풍토적인 약점—특히 1장에서 언급했던 자유도, 책임감, 목표감, 공평감, 방향감, 일체감의 6가지 부문체질 형성요소 중에서 당신 조직이 어느 점이 강하고 약한지에 대한 특성과 개선 포인트—을 명확히 알아내는 것이다.

1장에서 3절을 중심으로, 어떤 풍토요소가 높은(혹은 낮은) 조직에서 어떤 장·단점의 특징이나 경향이 나타나며 어떤 성과로 연결되는지에 대하여 설명하였다. 역으로 말하면, 그것은 이런 문제가 발생하기 쉬운 조직은 이 요소가 부족하다고 말할 수 있고, 이와 같이 부문체질의 부족요인을 살피는 기준이 된다.

예를 들면, 어느 조직은 부하의 능력이 낮은 것은 아닌데 바로 전기의 성적을 확인해서 거기에 안심을 하고 그 이상을 목표로 하지 않는 경향이 있다. 이러한 조직은 특히 '목표감'이라는 풍토요소가 결격되었거나 부족하다는 것을 당연히 파악해 볼 수 있다.

따라서 1장을 정독한 사람이라면, 당신의 부서가 안고 있는 풍토상의 문제점이나 부족한 부분, 즉 개선해야 할 요소를 이미 어느 정도 정확하게 자기판단할 수 있다고 생각한다. 만약 그것을 애매한 정도밖에 인식할 수 없다면, 다시 한번 1장을 읽어보고 개선점을 재확인해야 한다.

'부문체질 진단 테스트'에 의해 정확히 개선점을 파악하자

이와 관련하여, 개선해야할 풍토를 보다 명확히 파악하는 실마리로

그림 4-2 | 부문체질 간이진단 테스트

구분	질문	바로 그대로이다	어느 쪽도 아니다	그렇지 않다	소계
A	1. 적재적소를 도모하여 항상 업무수행에 최적의 인재가 배치되어 있다.				
	2. 직장에서 불필요한 업무상의 절차를 최소한 억제하고 있다.				
	3. 부서에는 새로운 아이디어를 환영하는 분위기가 감돈다.				
	4. 부서원들에게 독자적인 아이디어를 실험적으로 받아들이거나 새로운 일에 도전할 수 있는 기회가 주어진다.				
B	5. 스스로 적절하다고 생각하는 방법으로 업무를 수행하는 것이 장려되고 있다.				
	6. 문제해결을 자주적으로 도모하는 것이 허용되고 있다.				
	7. 위험은 있지만 많이 뒤돌아 볼 수 있는 기대되는 업무수행이 장려되고 있다.				
	8. 과제나 문제에 신속하게 착수할 것을 촉구하고 있다.				
C	9. 부서에는 업무향상의 필요성이 끊임없이 강조되고 수많은 시책이 전개되고 있다.				
	10. 부서에는 평범한 성과만을 올리는 것은 허용되지 않는다.				
	11. 직장에서의 업무평가기준이 대단히 엄격하다.				
	12. 여기에서의 목표는 대단히 도전적이다.				

D	13. 부서원은 업무성과에 상응하는 반성과 평가를 받고 있다.				
	14. 빠르게 승진하거나 승급하는 것은 부서 내에서 유능한 사람이다.				
	15. 뛰어난 업무수행을 한 경우에는 주위로부터 인정받는다.				
	16. 부서에는 위협이나 비난을 받는 경우보다 지원이나 격려를 받는 경우가 많다.				
E	17. 부서원에게 어떤 것이 기대되고 있는지가 명확하고 구체적으로 표시되고 있다.				
	18. 부서원은 자신의 업무와 부 혹은 과 전체의 목표와의 관계를 이해하고 있다.				
	19. 부서 내에 방침이나 책임범위가 명확화되어 있다.				
	20. 부서에는 계획 미비나 준비 부족으로 인해 부서의 생산성이 저하되는 경우는 절대로 없다.				
F	21. 부서원은 업무수행을 위한 희생을 두려워하지 않는다.				
	22. 부서원은 현재의 부서에 소속되어 있는 것에 자부심을 갖고 있다.				
	23. 부서원은 업무수행을 위해 동료들과 언제나 능동적으로 지원한다.				
	24. 부서원은 서로간에 신뢰하고 있다.				

그림 4-3 ┃ 부문체질 간이진단 테스트 분석방법

포인트를 계산한다

[그림 4-2]에서 실시한 진단결과를 '바로 그대로이다'는 4포인트, '어느 쪽도 아니다'는 2포인트, '그렇지 않다'는 0포인트로 하여, A~F의 구분에 따라 합계점수를 계산한다.

A	B	C	D	E	F

당신의 부문체질을 그래프화한다

다음으로 A~F 각 구분의 합계점수를 요소별로 그래프로 그린다.

구분 A = 자유도   구분 B = 책임감   구분 C = 목표감
구분 D = 공평감   구분 E = 방향감   구분 F = 일체감

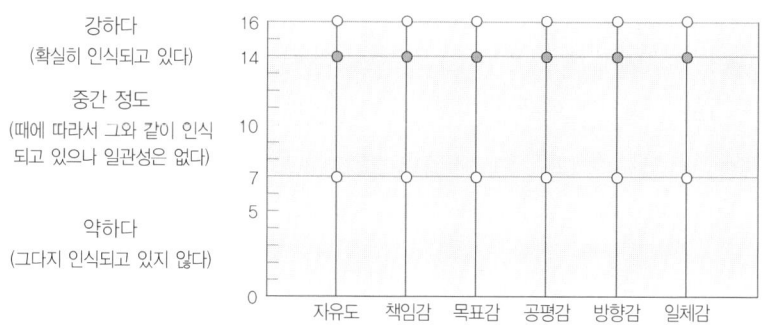

강하다
(확실히 인식되고 있다)

중간 정도
(때에 따라서 그와 같이 인식되고 있으나 일관성은 없다)

약하다
(그다지 인식되고 있지 않다)

분석방법

앞의 도표에 나타난 것을 막대선 그래프에 기입하여, 14포인트 이상을 '강한 풍토요소', 7포인트 이하를 '약한 풍토요소', 8포인트~13포인트를 '중간'으로 생각한다.

강한 풍토요소 _____   _____

약한 풍토요소 _____   _____

강한 풍토요소란 그 곳에서 근무하고 있는 사람의 행동이나 발상에 영향을 미치는 본질이다. 반대로 약한 풍토요소란 조직의 멤버가 그것을 거의 의식하고 있지 않은 상황을 가리키고 있다.

서 〔그림 4-2〕 '부문체질 간이진단 테스트'를 참고로 만들었다. 이것을 사용해 당신의 부문체질의 강한 부분과 취약한 부분을 체크할 수 있다.

여기서의 주의점은 '부문체질의 간이진단 테스트'는 부문체질의 현황을 분석하기 위한 '보강 데이터'로 참고했으면 한다. 1장에서 도출해낸 개선점에 이 자기진단 데이터를 종적으로 병합해서 사용한다면, 당신이 목표로 해야 할 부문체질을 더욱 정도 높게 찾아낼 수 있을 것이다.

개선 포인트는 한 가지나 두 가지로 집약한다

경우에 따라서는 개선 포인트가 한 가지에 머물지 않는 경우도 있을 것이다. 독자 중에 절반 이상은 세 가지 혹은 네 가지를 변경하지 않으면 안 될 것이다. 그 경우에는, 가장 우선적으로 개선해야 할 요소를 한 가지나 두 가지 계획하고 먼저 그것부터 변화해 가는 노력이 중요하다.

어떻든, 당신이 이끌고 있는 조직이 어떠한 문제를 안고 있는 경우에 그것이 발생하게 된 원인이 반드시 있을 것이다. 그러한 원인규명이 부문체질상에서 요구되는 경우, 도대체 무엇이 부족하며 무엇을 변화시켜야 하는지—그 개선 포인트를 단지 개념적이 아니라 이른바 6가지 다른 시점에서 6분의 1의 확률로서 '디지털적'인 분석을 통해 파악할 수 있다. 그것이 이 항목의 특색이다.

3 강화해야 할 리더십 스타일을 특정한다

효과적인 리더십 스타일을 대응표에서 찾아낸다

전항에서 개선해야 할 부문체질의 풍토요소를 파악했다면, 다음으로 당신이 이끌고 있는 팀의 부문체질을 개선하기 위해서 어느 리더십 스타일이 유효한지를 [그림 4-4]를 통해 산출해 낸다. 그것이 지금의 당신에게 가장 필요하고 강화해야할 리더십 스타일인 것이다.

예를 들면, '방향감'이라는 풍토가 당신 조직에게 부족하다면 [그림 4-4]에서, 이것을 강화시키기 위해서는 비전형 혹은 집단운영형을 사용하는 것이 유효함을 알 수 있다.

또 '자유도'를 강화할 필요가 있다면 관계중시형 혹은 집단운영형 스타일이 긍정적인 효과가 있다는 것을 알 수 있다. 또한 '공평감'을 강화하고 싶은 경우라면 비진형 스타일이나 집단 운영형 스타일이 효과적이며, '목표감'을 강화하고 싶은 경우에는 비전형 혹은 규범형 스타일이 효과적인 것으로 나타나고 있다.

당신에게 필요한 스타일에 초점을 맞춰서 트레이닝한다

강화해야 할 리더십 스타일을 특정하였다면, 그 스타일을 의도적으로 트레이닝하면서 차례로 부문체질의 부족한 부분을 보충해 간다. 조직체질이 변화할 때 당신의 리더십은 원만히 기능을 발휘한다. 그 결과 멤버의 의욕이나 모티베이션이 강화되고 성과업적의 향상으로 연결된다.

단기 혹은 장기인지에 따라 효과가 반대인 경우도 있다

제2장의 4절~9절에서 리더십 스타일이 부문체질에 미치는 영향에 대해서 언급했다. 지시명령형 스타일은 자유도를 손상시키지만 반대로 관계중시형 스타일은 자유도를 형성한다는 내용을 6가지의 스타일별로 설명하였다.

한편, 이번 항목의 작업은 그것을 바로 반대의 벡터(Vector)로 수행한다. 이 작업을 통해서 '부문체질을 강화하기 위한 효과적인 리더십 스타일'을 요소별로 알 수 있기 때문이다.

〔그림 4-4〕에서 ●로 표현한 긍정적인 효과에는 일부 조건이 포함된

그림 4-4 | 리더십 스타일과 부문체질의 관계

구분		부문체질					
		자유도	책임감	목표감	공평감	방향감	일체감
리더십 스타일	지시명령형 스타일		△	△			
	비전형 스타일	△	●		●	●	●
	관계중시형 스타일	●	△				●
	집단운영형 스타일	△	●	△	△		●
	규범형 스타일		△	●			
	육성형 스타일	△	●	△	△	△	●

[● 긍정적인 효과 △ 조건에 따라 영향이 달라진다]

> 각 종류의 리더십 스타일을 자유자재로 사용할수록 다양한 상황에 있어서 효과적인 매니지먼트를 할 수 있다.

부분도 있다. 예를 들면, 목표감을 강화하기 위해서 지시명령형 스타일을 사용한 경우에 효과가 상승하는 것은 단기간이며, 장기간에 걸쳐 사용하면 오히려 효과가 내려가는 경우도 있다. 단지 그것은 어디까지나 일부의 응용사항이므로 본서에서는 원칙적으로 게재표를 따른다면 지장이 없을 것이다.

여기까지에서 당신이 강화해야 할 부문체질과 리더십 스타일을 정할 수 있었다. 제5장에서는 리더십 훈련을 위한 강화방법이나 노하우를 스타일별로 설명한다. 숙독하면서 여러분의 직장에서 실천해 보기 바란다.

4 리더십 스타일을 지탱하는 컴피턴시란 무엇인가?

컴피턴시란 행동을 이끌어내는 '동적인 능력'

리더십에 한하지 않고 그때 그때의 상황이나 환경에 어울리게 행동하는 능력을 컴피턴시라 부르고 있다. 구체적으로는 '업무에서 높은 성과를 올리는 사람이 발휘하고 있는 행동특성'을 말한다. 따라서 컴피턴시란 보유능력이라기보다 언행이나 행동으로 총칭되는 능력, 이른바 행동화 능력을 말한다. 예를 들어, 리더십에 있어서의 컴피턴시는 '높은 성과를 계속적으로 발휘하는 리더에게서 공통으로 볼 수 있는 특징적인 행동특성'을 의미한다.

컴피턴시에 대한 자세한 설명은 이 이상 언급하지 않는다. 자세한 것은 출처 'High Performer 컴피턴시' (시그마인사이트컴 출간)을 참조하기 바란다.

리더십 스타일에 필요한 컴피턴시

그런데 6가지의 리더십 스타일에는 각각 어떤 컴피턴시(행동특성)가 필요한 것일까? 리더십 스타일과 컴피턴시의 관계를 나타낸 것이 〔그림 4-5〕이다.

예를 들면, 관계중시형 스타일을 지탱하는 중요한 컴피턴시는 '관계구축력'이다. 그것에는 구체적으로는 미소를 짓는다거나 상대방의 이야기에 귀를 기울여 그 장소의 분위기를 형성할 수 있는 행동수준에서부터, 거래처의 담당자와 업무와는 별개로 개인적인 신뢰관계를 구축해 가는 행동수준에 이르기까지의 다양한 행동패턴과 단계가 있다.

따라서 각각의 컴피턴시를 이해한다는 것은 리더십 스타일을 이론이나 지식이 아닌 실천을 통해 습득하는 것으로 연결된다. 더욱이, 실제로는 리더십 스타일과 관련된 컴피턴시는 직종이나 환경에 따라 달라진다. 여기에서는 간단한 설명을 위해 극히 일반적인 화이트칼라의 중견리더를 설정해서 이야기를 진행해 간다.

그림 4-5 │ 리더십 스타일과 컴피턴시의 관계

리더십 스타일	메인 컴피턴시	서포트 컴피턴시
지시명령형 스타일	강제력	달성지향성
비전형 스타일	팀의 리더십	自信
관계중시형 스타일	관계구축력	조직지향성
집단운영형 스타일	팀워크	조직지향성
규범형 스타일	전문성	自信/달성지향성
육성형 스타일	육성력	조직지향성

5

리더십을 단련한다

1. 지시명령형 스타일을 개발한다
2. 비전형 스타일을 개발한다
3. 관계중시형 스타일을 개발한다
4. 집단운영형 스타일을 개발한다
5. 규범형 스타일을 개발한다
6. 육성형 스타일을 개발한다
7. '무엇이 변화하였는가'를 사후평가한다

제5장
리더십을 단련한다

1 지시명령형 스타일을 개발한다

지시명령은 부하에게 직접 확실하게 말하라

부하에 대한 지시 능력 및 업적성과관리 능력이 부족하여 지시명령형 스타일을 개발해서 강화하고 싶은 사람은 구체적인 비즈니스 장면에서 다음과 같은 행동에 주의한다면 자연히 그 능력이 몸에 배게 된다.

우선, 업무의 내용이나 방향을 누구보다 잘 숙지하고, 부하에게 지시를 할 때에는 다른 사람에게 맡기지 말고 반드시 자신이 직접 한다. 더불어, 애매한 지시는 피하고, 해야 할 일과 목표수준, 달성기한 등을 확실히 전달한다. 무엇을 해야 하는지를 부하에게 명시하지만, 그것을 언제까지 어느 정도로 해야 하는지를 분명히 말하지 않는 상사가 의외로 많다.

"바로 해주었으면 하고 생각했는데……", "하라는 말은 들었지만 좀더 나중에 해도 괜찮을 것이라고 생각해서 다음에 하기로 하였습니다" 등, 애매한 지시는 나중에 문제의 소지가 될 수 있으므로 부하에 대한 지시명령은 직접 그리고 확실히 전달해야 한다.

치밀한 모니터링을 철저히 한다

마찬가지로, 목표나 기준을 설정할 때도 '자네 자신이 정해서 하게'라고 부하에게 맡기지 말고, 부하 각각에 대한 능력강화와 인재육성을 목적으로 계획이나 스케줄을 리더 자신이 세워서 부하에게 그 조건과 함께 구체적으로 지시하는 것이 좋다.

또한 중간경과에 대한 모니터나 관리도 꼼꼼하게 해야 한다. 매일은 아니더라도 예를 들어 3일에 한번 정도는 진척상황을 직접 확인하고 보고를 받아서 목표나 기대치와의 괴리를 체크한다. 만약 목표와 실적에 차이가 발생한 경우에는 그때마다 명확히 지적해 간다.

그 동안 본인이 알아차리겠지 라는 애매한 태도를 취하거나 지적하는 것을 나중으로 미루지 말고, 직접 정확하게 확인하고 일이 생길 때마다 바로 피드백해야만 신속한 궤도수정이 이루어진다. 지시를 정확하게 해도

그림 5-1 ㅣ 지시명령형 스타일의 개발 행동

- 자신의 업무를 누구보다도 잘 알고 있다.
- 지시는 직접한다.
- 엄격한 목표와 기준을 설정한다.
- 부하의 목표와 기준을 리더가 결정한다.
- 상세하게 실행에 대한 모니터를 한다.
- 기대나 규칙으로부터의 괴리에 대해서는 확실하게 지적한다.

그 모니터나 피드백을 게을리 하게 되면 지시명령형 스타일의 리더십은 그 기능을 절반도 발휘하지 못하며 위기관리에도 연결되지 못한다.

목표 미달성의 경우 우선 리더가 자성하라

이렇게 장황스러울 정도로 지시와 모니터 그리고 피드백을 철저히 함으로써 리더로서의 강제력이 부하에게 작용되고 조직에 침투해 간다. 덧붙여, 모니터를 철저히 하기 위해서는 부하와 정기적으로 업무진행 상황을 확인하는 기회를 갖거나, 부하에게 제시한 지시나 피드백을 자신도 정확히 기록해 놓는 등의 행동을 습관화하는 것이 중요하다.

기대한 만큼의 업적을 부하가 달성하지 못한 경우에도 부하를 질책하기에 앞서 자신이 제시한 지시나 모니터와 피드백에 실수나 혹은 애매한 부분이 없었는지를 우선 점검하고 반성해 보는 유용한 자료가 된다.

이러한 자성을 함께 수반하지 않는 지시명령형 스타일은 부하를 엄격히 감독하기만 하는 부문체질을 형성하여 부하의 의욕감퇴나 반발을 일으키게 한다. 즉, 지시명령형 스타일이 집행력으로서의 원만한 기능을 발휘할 수 없게 되는 것이다.

자기관리를 엄격하게 행한다

즉, 지시명령형 스타일에 있어서도 부하를 관리하기에 앞서 우선 자신을 관리하는 것이 중요하다. 실제로 지시명령형을 능숙하게 발휘할 수 없는 리더는 대외적인 행동력보다는 자발적인 목표달성 의욕이 부족하다. 이러한 자기관리에 대한 취약함은 부하에 대한 강제력 저하로 연결되는 경우가 많다.

지시명령형 스타일로 자기관리 능력을 강화하기 위해서는, 도전적인 목

그림 5-2 | 지시명령형 스타일 개발의 힌트

- 부하를 강화시키고 육성하는 것을 목표로 한 사람씩 업적 체크 스케쥴을 세운다.
- 기대했던 성과를 부하가 달성하지 못했을 경우에는 부하를 질책하지 말고, 부하에게 성과 기대를 확실하게 제시하지 못한 자신의 방식을 되짚어 본다.
- 업무에 대한 구체적인 조건과 납기를 확실히 제시하여 부하에게 이해를 구하기 위한 질문을 던진다.
- 부하에게 자신의 지시가 어느 정도나 명확하고 정교했는지를 질문해 본다.
- 부하와 정기적으로 업무진척 확인을 위한 회합을 갖는다.
- 강인한 의지를 갖고 자신이 요구하는 성과를 제시하면서 동시에 명령을 엄수할 것을 요구한다.
- 문제해결은 반드시 48시간 이내에 수행한다.

표를 설정하고 문제해결은 반드시 48시간 이내에 완료한다는 능동적인 행동에 유념하며, 정해진 시간 내에 정해진 결과를 보여줄 수 있도록 노력해야 한다. 혹은 자신의 지시나 모니터가 어느 정도 구체적이었는지를 부하에게 질문하거나 다른 리더의 방식을 관찰하는 등, 지시명령형 스타일을 강화하기 위해서는 자신의 행동을 내부로부터 개혁할 필요가 있다.

컴피턴시 '강제력'을 강화하자

지시명령형 스타일을 가장 강하게 특징짓고 또한 그것을 강화해 가는 최대의 컴피턴시는 '강제력'이다. 강제력이란 지시, 명령, 목표설정, 프로세스관리 등 부하 스스로 목표달성이나 성과책임을 완수할 수 있도록 리더로서 발휘해야 할 '집행력'이다. 부하가 업무를 완성해갈 수 있도록 상사로서 취해야 하는 부하에 대한 '촉진행동' 전반을 의미한다.

따라서 강제력이라고 간단히 말하지만 그 행동수준은 다양하다. 리더가 낮은 수준의 강제력밖에 발휘할 수 없다면 부하의 자주성이나 의욕을 손상시키게 되는 반면, 고도의 강제력을 발휘할 수 있다면 부하를 단기적으로 성장시키는 육성력이 될 수도 있다.

예를 들어, 부하의 업무방식에 대한 구체적인 사항들을 단지 엄격하고 세세하게 모니터할 뿐이라면 그것은 부하에게 있어서 숨막히는 관리통제 행동으로 여겨질 것이다. 반면에 그 목표를 달성하기 위해 결점이나 부족한 부분을 지적하면서 개선방법을 조언한다면 이러한 강제력은 효과적인 리더십이 될 수 있다.

중요한 것은 리더로서 어떻게 높은 수준의 행동을 취하는가에 있다. 그 차이에 따라 지시명령형 스타일에 있어서의 강제력의 효과—조직침투도, 부하에 대한 영향력이나 설득력 등—가 크게 달라지는 것은 두말할 필요가 없다.

강제력이라는 행동특성의 구체적인 예를 다음과 같이 발휘수준에 따라 3단계로 나눠 볼 수 있다.

그림 5-3 | 지시명령형 스타일의 행동 특성

① 낮은 발휘수준

상사로서의 입장과 권한으로 '이것을 하라'고 명쾌하게 업무레벨을 지시한다. 더불어 '그 건은 어떻게 되었지' 등 부하가 지시된 일을 잘 하고 있는지 항상 관리한다.

② 중간정도의 발휘수준

표명한 기대수준을 기본으로 목표와 업적을 관리한다. 예를 들어 세일즈의 경우라면, 매출을 그래프로 게시하고 부하에게 일일이 직접 업무를 지시하지 않는 방법으로 업무관리를 한다.

③ 높은 발휘수준

목표나 업무관리를 통해 부하의 성적을 높이는 것뿐만 아니라, 부하의 성과에 대한 책임의식을 양성하여 부하 스스로 업적을 관리할 수 있는 성과실현 능력을 향상시킬 수 있다.

서포트 컴피턴시는 '달성지향성'

또한 이 지시명령형 스타일을 보강·지원하는 서포트 컴피턴시로서는 달성지향성을 들 수 있다. 이것은 목표설정이나 목표달성에 대한 강한 의욕으로서, 좀 더 좋은 성적을 올리고 좀 더 능력이 강화되기를 원하는 내적인 욕구이기도 하다.

현상타개에 대한 의사가 강하고, 어려움이나 장애에 부딪쳐도 적극적인 사고로 반드시 극복해 낼 수 있으며, 해 보이겠다는 행동 에너지로 전환할 수 있는 특성을 가지고 있다.

메인 컴피턴시인 강제력이 부하에 대한 대인·대외적인 행동능력(power)인 것에 반하여, 이 서포트 컴피턴시인 달성지향성은 이른바 그

그림 5-4 | 강제력의 행동 수준

고	부하의 성적향상과 성과책임의 양성으로 연결시킨다.
중	부하의 기대수준을 명시하여 그에 따른 업적관리를 시행한다.
저	지시는 명확하지만 업무의 의미를 전달하지 못한다.

행동에 모티베이션이 되는 내발적인 욕구(생각)나 에너지이다. 이 서포트 컴피턴시를 함께 보유함으로써 메인 컴피턴시의 파워는 보다 강화되고, 리더십이 부하에게 미치는 영향력도 점차 증가한다.

더욱이 메인 컴피턴시(대외적인 행동특성)와 서포트 컴피턴시(내적인 행동엔진)가 적절하게 조합되어 각각의 리더십 스타일보다 더욱 강화되는 것은 다음의 모든 스타일에 공통된다고 말할 수 있다.

2 비전형 스타일을 개발한다

부하에게 당신의 생각을 확실히 이야기하라

부하에 대한 제시능력 부족으로 명확하게 전략을 제시할 수 없어서 비전형 스타일을 개발하고 싶은 사람은 다음과 같은 행동을 취하면 좋을 것이다.

비전형 스타일을 자신의 것으로 만들기 위해서는 우선 자신의 생각, 조직이념, 지향해야 할 목표, 나가야 할 방향 등을 명확히 하고 부하에게 강력하게 호소하고 싶은 행동에 유의하는 것이 중요하다. 예를 들어, 기회가 있을 때마다 몇 번이라도 자신의 생각이나 비전을 이야기함으로써 조직의 구심력을 강화하는 것 등이다.

생각이 침투할 때까지 가두설교를 반복하라

실제로, 일이 생길 때마다 사내에서 '가두설교'를 하는 어느 경영자가 있다. 그 회사는 생활용품 메이커였는데 '고객의 불편함, 부족함, 불쾌함을 해소한다'는 경영의 중심이념을 기회가 닿을 때마다 몇 번이고 반복해서 부하에게 설명한다.

복도에서 만나서까지도 열심히 설명하고 확인한다. 그뿐 아니라 경영방침이나 전략에 대한 내용을 수첩사이즈의 얇은 소책자로 만들어서 사원 모두에게 나누어줄 정도이다. '생각'의 전달력은 리더가 설명하는 횟수에 비례한다고 믿기 때문이다.

그림 5-5 | 비전형 스타일의 개발 행동

- 자신의 생각, 비전, 목표를 명확히 한다.
- 자신의 생각을 '가두설교' 한다. (1주에 수회, 수년 동안 계속)
- 멤버의 의견을 듣고 좋은 의견은 반영시킨다.
- 자신의 판단이나 행동의 근거를 반드시 제시한다.
- 자신이 무엇이든 직접 하지 말고 부하에게 설명하면서 맡긴다.
  (자신의 역할은 부하의 동기부여와 설득이라고 생각한다)
- 끊임없이 피드백을 수행한다.
- 공평·공정을 기약한다. (편견을 갖지 않는다)

사실, 반복하여 설명한 그 목표는 사원들의 공통이념이 되어 사내의 '공통어'로서 유행한다. 리더의 강한 생각이 조직의 표준을 형성하는 것이다. 단지, 리더에 대한 신뢰가 약한 경우에는 자신의 생각이나 비전을 내세워도 설득력이 모자라기 때문에 멤버들 사이에 실망감이 맴돈다.

부하의 생각을 수용하는 노력도 중요하다

또 회의를 개최할 때도 회의의 목적이나 의제를 사전에 명확히 안내하고, 개최 30분 전에 회의내용을 재확인시켜서 자신의 의사를 명확히 한다. 혹은 업무를 부탁할 때에는 반드시 설명을 해주고 상사로서의 판단이나 행동의 근거를 제시하여 부하에게 자신의 의향을 전달하기 위해 노력하는 등, 생각 전달을 위해 다양하게 행동하는 것이 이 비전형 스타일의 개발에 필요하다. 물론 생각을 전달하는 행동은 상대의 생각을 수용하는 행동과 함께 해야만 한다.

자신의 의향이나 의사를 전달하는 것이 아니라 그 반대의 벡터를 갖는 행동 즉, 멤버의 의견에 귀기울이며 좋은 의견은 점차 반영시켜 간다. 조직의 생산성을 향상시키는 아이디어를 적극적으로 부하로부터 듣고 실행으로 옮기는 구심적인 행동도 필요하다.

보통으로 업무를 수행하는 부하에 대한 동기부여 방법이나 격려방식에 있어서도 '언제나 나의 방식이 옳았는지', '부하들을 실망시키거나 오히려 의욕을 손상시키지 않았는지' 등을 자문해 보면서 불만이나 장애물을 제거하기 위해 유념한다.

명쾌한 전략 책정에 유의하라

부하와의 개인면담의 기회를 만들어 역할이나 책임을 명확히 하는 경우

그림 5-6 | 비전형 스타일 개발의 힌트

- 연도나 프로젝트의 초기에는 시간을 내서 개인면담을 하고, 부하에게 역할이나 책임을 명확히 하거나 기대성과를 확실히 전달한다.
- 좋은 결과에 대해서는 신속하고 확실하게 칭찬한다.
- 회의개최의 목적과 과제에 대해 명확하게 안내를 하고, 개최 30분 전에 회의 성과를 재확인한다.
- 장래의 모습이나 상태가 그려지는 구체적인 비전을 제시하여 그 진척상황을 측정할 수 있는 상태지표를 설정한다.

에도, 그 업무가 조직 전체에서 어떤 위치를 차지하고 어느 정도로 중요하며 어떤 효과를 주는지에 대해 사전에 명시해 준다. 그리고 알기 쉽게 지시하고 수시로 격려하여 조직 전체와 개인간의 업무 관련성을 확실시해야만 부하의 참여의식과 의욕이 강화되는 것이다.

더욱이 높은 성과를 올린 부하에 대해서는 솔직하게 칭찬하는 것도 매우 중요한 행동이다. 칭찬은 신속하고 확실하게 한다. 왜냐하면 빠른 응답을 해야만 비전형 스타일 강화에 연결되기 때문이다.

전략이 불명료하면 조직내의 인재나 기술을 '사육해서 죽여 버리는' 결과로 나타나는데, 현재의 기업들이 저조한 것은 그것에 원인이 있다. 전략이나 목표를 명쾌하게 설정하고 공유함으로써 조직이 갖고 있는 경영자원의 경쟁력을 높이고 높은 성과로 연결시켜 가는 비전스타일이 지금 가장 필요한 이유이다.

컴피턴시 '팀 리더십'을 강화하자

비전형 스타일을 지탱하는 가장 중요한 행동특성은 '팀 리더십'이며, 이것은 조직을 통합하고 멤버에게 동기부여시키는 행동특성이다. 강제력

그림 5-7 | 비전형 스타일의 행동 특성

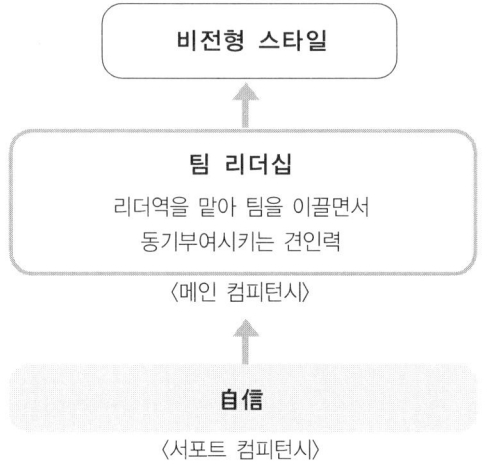

등으로 팀을 통솔하는 것이 아니라, 조직이나 개인이 지향하거나 나가야 할 방향을 목표로 확실하게 내세워 팀을 이끌어 가는 '견인력'이다.

이것에 뛰어난 리더는 언제나 자신의 생각이나 비전, 계획이나 방침을 부하에게 전달하고 조직에 침투시키기 위해 적극적으로 행동한다. 예를 들면, 연도나 프로젝트의 초기에 시간을 할애하여 부하와 개인면담을 하면서 부하의 역할이나 책임을 명확히 하거나 기대성과를 확실히 전달한다.

단지 이때에도 목표의 합리성이나 타당성을 고려하지 않는 강제형에서부터 개인목표를 설정해 가는 집단운영 스타일에 이르기까지 다양한 행동 패턴이 있다. 따라서 비전 구축과 전달력을 중심으로 하는 팀 리더십의 행동특성도 그 내용에 따라 수준이 차이난다.

① 낮은 발휘수준

리더로서 얻은 정보를 최소한 필요한 것만 전달한다. 부문회의 등을 통해 조직 공동의 정보는 멤버에 전달할 수 있다. 또한 회사전체의 전략이나 방침에 대해 Top이나 상사로부터 전달받은 내용 그대로를 멤버에게 전달한다.

② 중간 정도의 발휘수준

회사전체의 방향성을 파악하고 그것을 음미하면서 자신의 부서방침과 명확하게 분해전개할 수 있다. 기업목표와 부문목표, 개인목표간에 연관을 짓는다. 또한 생산성을 강화하거나 서로의 의사소통을 높여서 멤버의 의욕을 이끌어내는 연구를 한다.

③ 높은 발휘수준

비전을 현실화하여 팀의 평판이나 자부심을 지키기 위해서 팀 리더로서의 책임과 역할을 다할 수 있다. 예를 들면, 자신의 부서에 부족한 자원을 보충하거나 다른 부서와의 조정을 적절히 수행함으로써 팀의 실효성을 강화한다. 이것은 다른 리더십 스타일의 행동수준에도 언급할 수 있으며, 리더로서 최소한 중간수준 정도까지의 행동을 취할 수 있도록 노력해야 한다.

서포트 컴피턴시는 '自信'

또한 팀 리더십이라는 행동특성을 보강하는 서포트 컴피턴시는 '自信'이다. 이것은 자신의 행동에 대한 신념의 정도라고 생각했으면 한다. 설령 상사나 멤버들이 당신의 의견이나 사고에 반대하더라도 그것이 올바르고 반드시 성공한다고 생각된다면 입장을 명확히 하고 적극적으로 부딪혀 나간다. 위험부담도 주저하지 않는다. 이렇게 확신에 찬 도전적인 행동 스타일이다.

그림 5-8 | 팀 리더십의 행동 수준

- **고**: 부서의 비전과 목표를 구체적으로 현실화한다.
- **중**: 회사 전체의 방침을 이해하여 기업-부서와 과-개인의 목표를 연결시켜 제시한다.
- **저**: 최소한의 정보공유와 커뮤니케이션 수준

이 '自信'이라는 컴피턴시를 행동으로 이끌어 내는, 내부로부터 발생하는 모티베이션으로서의 팀 리더십이라는 행동특성을 충분히 발휘하면 비전형 스타일은 효과적으로 강화된다.

3 관계중시형 스타일을 개발한다

우선 멤버간의 대립을 배제할 것

지위와 권위와 능력이 아니라, 부하로부터 친밀감·지지·신망을 받음으로써 조직을 통합하는 원만한 관계중시형 스타일이다. 이 리더십 스타일을 습득하기 위해서 어떻게 하면 좋을 것인가.

관계중시형 스타일을 개발할 때 중요한 것은 인간관계를 구축하기 위해 다양한 행동을 선택하는 것이다. 즉 인간관계의 화합과 조직의 조화를 이루어 가는 행동(혹은 그 일체감을 방해하는 요인을 제거하는 행동)에 유의하는 것이 중요하다.

예를 들어, 멤버나 동료간의 갈등이나 대립에 대해 배려하고 그것이 발견되면 리더 자신이 개입해서 해결한다. 부서 내에서 대립의·싹이 틀 때 그것을 제거하는 것이다. 혹은 부하를 이해하거나 공감하기 위해 노력하면서 그들의 업무방식이나 능력을 신뢰한다. 그러한 우호적인 관계중시의 태도와 행동이 관계중시형 스타일 개발의 기본이 된다.

부하의 개인적인 상담에도 귀를 기울인다

또한 부하의 업무적인 면뿐만 아니라 개인적인 사항에도 관심을 갖고 그것에 관한 정보를 의식적으로 화제에 올리는 것도 좋다. '그 후 부인의 건강상태는 어때?' 라든지 '자녀가 이번에 초등학교에 들어가지?' 등 부하의 가족에 대해 적극적인 관심을 보이고 친화성을 높이는 연구를 한다.

사원들의 생일을 기억하고 꽃다발을 보내는(사원만이 아닌 그들의 가족에게 해당하는 케이스도 있다) 경영자의 예를 가끔 듣지만, 그렇게까지 할 필요는 없다고 해도 이러한 '개인적인 친밀감'의 연출은 효과적이라 말할 수 있다. 부하의 생일에 커피한잔이라도 나누면서 잡담을 비롯한 이

그림 5-9 | 관계중시형 스타일의 개발 행동

- 개인적인 대립이나 갈등을 발견해서 해결한다. (조화나 체감을 중요시한다)
- 부하로부터 이해나 공감을 얻기 위해 노력한다.
- 개인적인 일에 관심을 갖고 상담을 한다.
- 부하의 능력이나 업무방식을 신뢰한다.
- 개인적인 교류를 의식적으로 행한다.
- 사회적인 활동(타인과 관계하는)을 만들어 낸다.
- 개인적으로 축복해 준다.

런저런 이야기를 나눈다. 이것만으로도 부하는 편안하고 감사한 마음을 갖게 되고 협조적인 관계를 심화시킬 수 있게 된다.

부하에게 연모(경모)받도록 유념하라

결국, 관계중시형 스타일을 강화하기 위해서는 리더를 그룹의 지배자가 아닌 대표자로 생각하게 만들고 멤버로부터 지지를 얻어 그들이 '화합' 하면서 기분 좋게 업무에 임할 수 있도록 조직의 인간관계 만들기에 유의하는 것이 중요하다. 부하의 좋은 상담상대로서 자신을 위치매김하여 친밀감을 느끼게 하는 행동에 유념하는 것이다.

부하의 마음을 '친화적으로 파악한다'는 몇 가지의 노하우를 들어 보자. 예를 들어, 부하와 면담할 때에는 상대가 이해하기 쉽도록 신변화제부터 시작해서 점점 어렵고 중요한 화제로 옮겨가는 합리적인 화법을 연구한다.

또한 사전에 부하에 대한 데이터를 수집해서 어떤 화제를 어떤 이야기부터 시작하는 것이 가장 설득력 있고 부하를 납득시키기 쉬운지 등을 생각해 놓는다. 덧붙여 부하 의견과 서로 공통된 점을 강조하고 중시한다. 혹은 세세한 부분이지만, 부하가 말한 것을 리더가 반복해 말함으로써 상대에 대한 관심을 높이 표명하는 방법도 상대의 호의를 이끌어내는 효과가 크다는 것이 확실시되고 있다.

목표가 되는 역할 모델을 발견하여 모방한다

부하에게 한정되지 않고 광범위하게 타인과의 인간관계를 구축하기 위해서는, 어느 특정한 사람을 정해서 그 사람과의 관계에 대한 목표를 설정하고, 그것을 달성하기 위한 기간을 정해서 정기적으로 면담한다. 반대로,

그림 5-10 | 관계중시형 스타일 개발의 힌트

- 특정한 사람과의 관계 개선의 목표를 설정하고 기간을 정해서 정기적으로 면담한다.
- 관계구축의 모델이 되는 사람을 정해서 그 사람을 코치나 상담자로 만들어 도움을 받는다.
- 결정할 때에는 정해진 사람만 만나지 않고 새로운 관계를 구축할 수 있는 방문이나 만남을 계획한다.
- 자신이 관계를 맺고 있는 상대의 요구나 관심을 생각하면서 상대의 가치관이나 동기를 학습한다.
- 상대가 이해하기 쉽게 간단한 문제에서 중요한 문제로 옮겨가는 등 합리적인 이야기 진행방식을 생각한다.
- 상대가 말한 것을 반복해 말함으로써 상대에 대한 관심을 표명한다.
- 상대와 접촉하기 전에 상대에 관한 모든 중요한 사항을 조사해서 어떻게 이야기할 것인가에 대한 계획을 작성한다.

결정을 할 때는 정해진 사람만 만나는 것이 아니라 새로운 관계 구축을 위해 만남이나 방문을 계획하고 습관화된 행동을 취해야 한다.

또한 관계중시형 스타일의 목표나 모델이 되는 인물을 신변에 가까이 두고, 그들의 방식을 관찰을 통해 배우면서 그 사람을 코치나 상담상대로 만들어서 인간관계를 원만하게 만드는 노하우를 여러 가지로 어드바이스 받는다.

컴피턴시 '관계구축력'을 강화하자

관계중시형 스타일을 특징짓는 행동특성은 관계구축력이다. 즉 신뢰할 수 있는 대인관계를 구축하거나 부하와의 친밀성을 연출할 수 있고, 또한 네트워크 형성에 적극적으로 임하는 행동특성을 가지고 있다.

예를 들면, 새로운 동료가 된 멤버에게 적극적으로 말을 걸거나 식사에 초대하고 다른 멤버와의 친화를 재촉하며, 언제나 부하를 이해하고 공감하기 위해 노력하면서 바람직한 관계구축에 최선을 다한다. 또한 상대의 관심사나 요구를 생각하고 상대의 가치관이나 동기를 알려고 하는 의욕이 강하다.

어떤 리더는 부하와 접촉할 때, '의견이 다른 것에 주목하지 않고, 공통부분을 찾는 데 역점을 둔다'는 것을 습관화한다고 한다. 또다른 리더는 항상 '자신이 없는 곳에서, 부하가 자신을 어떻게 평가할까'를 상상하면서 부하를 대한다고 말하고 있다. 즉 그러한 친화적인 관계를 구축하려는 리더의 행동이 관계중시형 스타일을 지탱하고 강화시키는 것이다.

또 관계구축력의 행동수준은 다음과 같이 나눌 수 있다.

① 낮은 발휘수준

회의나 파티 등 사람이 모이는 장소에서 미소나 밝은 표정을 짓는 등 그 장소의 분위기에 동화할 수 있다. 덧붙여, 업무와 관계없는 화세를 꺼내거나 거기에 참석할 수 있다.

② 중간정도의 발휘수준

당면한 업무 이외의 교류가 가능하다. 구체적으로는 회식자리에 부서의 멤버를 초대하거나 초대받는 관계를 구축한다. 곤란해 하는 상대의 상담에 친절하게 응한다.

③ 높은 발휘수준

부서 멤버의 가족과도 커뮤니케이션이할 수 있는 개인적인 관계를 구축한다. 또 그것만으로도 업무에 좋은 영향을 초래하는 신뢰관계를 구축한다. 예를 들면, 일일이 내용이나 배경을 설명하지 않아도 '부탁해요

그림 5-11 ┃ 관계중시형 스타일의 행동 특성

의 한마디로 상대를 납득시키고 도움을 받을 정도로 깊은 신뢰관계를 구축한다.

성과주의 전성시대에 있어서도 관계중시형 스타일의 발휘는 중요한 국면이 많으며, 이때 필요한 것은 이러한 인간적이고 감성적인 관계를 지향하는 행동특성이다.

서포트 컴피턴시는 '조직지향성'

관계구축력을 보강하는 컴피턴시는 조직지향성이다. 즉, 회사나 조직을 위해 무엇을 할 수 있는가에 중점을 두고, 조직의 기준이나 요구, 전략 등을 잘 이해하며 그것을 촉진시키려는 행동특성이다. 개인의 목표나 이익보다 조직에 대한 공헌을 우선시하는 특징을 갖는다.

이른바 부분 최적보다도 전체 최적을 지향하는 행동패턴으로서 '부서

그림 5-12 | 관계구축력의 행동 수준

- **고**: 말이나 설명이 필요 없는 깊은 신뢰관계를 구축하고 있다.
- **중**: 개인적·인간적인 대화의 기회를 만들거나 거기에 참여할 수 있고, 부하와 개인적인 관계를 구축하고 있다.
- **저**: 그 장소의 분위기에 친숙해져서 친화적인 분위기를 만들어 낸다.

나 과 혹은 회사를 위해서'라는 생각이 모티베이션을 강화한다. 회사에 대한 헌신성과 충성심 등도 이 조직지향성으로부터 발생되는 행동특성이다.

4 집단운영형 스타일을 개발한다

자유스러운 분위기의 장을 만들어라

집단운영형 스타일을 개발하기 원한다면 우선 정보교환이나 멤버교류의 장을 만들어서 회의나 미팅을 원만히 운영하는 노력을 게을리 하지 않는다. 이것이 집단운영형 스타일을 개발할 때 가장 필요한 행동의 제 1조건이 된다. 물론 누구라도 참여할 수 있고 자유롭게 의견을 말할 수 있는 민주적인 장을 형성하는 것이 포인트가 된다.

'사원의 의욕을 창출하는 회의실' 디자인을 연구하는 컨설팅회사에 따르면, 동료의식을 쉽게 공유하고 부드러운 분위기를 연출하기 위해서는

그림 5-13 | 집단운영형 스타일의 개발 행동

- 정보교환이나 교류의 장을 만든다.
- 회의나 미팅을 원만히 운영한다.
- 다른 사람의 의견에 귀를 기울이고 존중한다.
- 정보를 적극적으로 제공하면서 함께 결정해 간다.
- 의견일치를 형성하기 위해서 인내한다.
- 기대나 규칙과의 괴리에 대해 확실히 지적한다.

하얀 계란형의 테이블을 사용한다고 한다. 이 때 얼굴은 보이지만 눈은 직접 마주치지 않는 디자인이나 배치가 적합하다고 한다.

이것은 외부환경의 이야기지만, 부하가 자유롭게 의견을 말할 수 있는 분위기와 서로의 참여의식을 높이는 상호적인 분위기의 내부환경을 만든다는 점에서 리더 역할의 중요성은 동일하다. 그러한 배려로 인해 부하에게 '이 조직은 리더가 멤버를 소중히 여긴다' 라는 의식을 심어 주어, 결과적으로 사기를 높여 주는 효과가 발생한다.

토론의 장에서는 받아들이는 자세를 취하라

물론, 토론의 장을 만드는 것뿐만이 아니라 부하의 의견에 귀를 기울이고 존중하는 행동을 보여줄 필요가 있다. 그것은 민주적인 행동을 통해 설득력을 얻기 위한 구체적인 주의사항으로서 예를 들면, 리더 자신은 너무 말을 많이 하지 않고 가능하면 많은 멤버가 의견을 제안하도록 회의를 진행해 가는 것이다.

혹은 화제를 한 사람이 독주하거나 발언의 첫째주자가 되는 것을 삼간다. 부하와 의견 대립이 있어도 언제나 부하가 의견을 먼저 말할 수 있게 하고, 자신은 그것을 받아들이는 형태로 자신의 의견을 이야기한다.

반대로 그때까지의 토론과정을 무시하는 듯한 결론을 미팅 최후의 비방으로 사용하지 않는 태도가 중요하다. 최후에 결론을 뒤집거나 또는 일단 해결된 의제를 재차 문제삼는 것을 리더의 특권이라고 착각하는 사람이 있지만, 이것은 최악의 행위라고 할 수 있다.

자신을 억제하는 인내가 필요

어쨌든 주도권을 갖기 원하는 리더에게 의견일치 우선의 집단운영형 스타일은 무엇보다도 인내를 필요로 하는 경우가 많아진다. 이 인내력을 갖추기 위해서, 자신이 문제를 제기한 직후나 혹은 토론 방향에 이의를 제기하고 싶은 경우라도 '최소한 10초간 기다린다'는 것을 스스로 의무화한 리더가 있다.

자신이 문제를 제기하고 자신이 답하고 결정해 간다. 이런 리더가 함정

그림 5-14 ┃ 집단운영형 스타일 개발의 힌트

- 발언을 많이 하지 않는 다른 멤버의 의견을 구한다.
- 멤버와 의견대립이 있는 경우에는 반대자의 주장이나 견해를 이해한 후에 다음 반응을 보인다.
- 조직 범위 확대와 연관된 프로젝트나 위원회에 앞장서서 자신의 존재를 알린다.
- 팀 전체의 성공을 칭찬하고 그것을 모두가 축하한다.
- 회의의 화제를 한 명이 독주하는 것을 피하고, 동시에 가장 먼저 제안하는 것도 피한다.
- 동료와의 비공식적인 정보교류회를 갖는다.
- 자신이 질문한 후 최소 10초간은 기다리는 습관을 갖는다. 자신이 문제를 제기하고 자신이 대답하지 않는다.

에 빠지기 쉬운 원맨(one man) 행동을 자제하는 것이 중요하다.

회의에서는 자신이 주가 되어 '기록계'의 역할을 분담하고, 나중에 불참자에게 내용을 정확하게 전달하려는 목적으로 의제의 내용 그 자체에는 주제넘게 개입하지 않으려고 노력하는 사람도 있을 정도다. 그러나 단지 인내하며 부하를 참가시킨다는 것만으로는 무의미하며, 필요한 경우에는 적절하게 의사결정을 하고 또한 요구받은 일에 대해서는 의견을 발표할 필요가 있다.

개인의 업적도 팀 전체가 축하한다

결국에는 반대의견을 어느 정도 수용하면서 유익한 부분은 흡수할 수 있을 것인가? 집단운영형 스타일의 효과적인 개발과 강화는 그러한 도량에 달려 있다고 말할 수 있다.

민주적인 장의 형성이라는 점에서, 공식적인 회의나 미팅에 머물지 않고 부하나 동료와의 비공식적인 정보교류회도 적절하게 개최한다. 혹은 조직 내에 어떤 문제가 발생한 경우에는 조직 내외부적으로 공개하여 민주적인 해결을 촉진시킨다. 개인의 업적과 성공을 팀 전체가 축하해 주는 조직이 될 수 있도록, 팀워크의 향상을 촉진하는 리더의 행동이 요구된다.

컴피턴시 '팀워크'를 강화하자

집단운영형 스타일은 주로 '팀워크'라는 컴피턴시에 의해 특징지어진다. 이 컴피턴시의 특징은 멤버의 의견이나 가치관을 존중해서 조직의 원활한 운영을 촉진하는 행동을 취하는 것이다.

예를 들면, 회의나 미팅 때에 무엇보다도 의견일치 형성을 가장 중요시하고, 합의를 이루기 위해서는 자신을 억누르는 것이 가능하다. 또한 그런 회의석상에서 자신은 그다지 발언을 하지 않고 멤버의 의견을 구하며, 반대의 주장에도 우선 이해하려고 하는 민주적인 행동 스타일을 취할 수 있다. 따라서 리더가 멤버 위에 군림하는 것이 아니라, 조직의 중심에서 팀을 통합하려는 멤버중심의 행동특성이다.

부하에게 공평한 행동을 할 수 있는가

리더의 민주적인 행동에 관한 오래된 에피소드가 있다. 일찍이, 어느 유명기업의 부장은 '의견이나 아이디어는 물론 나에 대한 불평불만이나 험담이 있다면 무엇이든 말을 하라'고 부하에게 기준 잣대를 주었다고 한다. 직접 글로 쓰게 되면 필적 때문에 누가 쓴 것인지 알 수 있다는 이유에서였지만(지금은 컴퓨터의 전자 글자로 익명성이 보장되지만) 이러한 팀워크 중시의 공평한 행동을 취하는 리더는 집단운영형 스타일의 리더십을 발휘하기에 적절하다고 말할 수 있다.

팀워크라는 행동특성의 수준은 다음과 같이 나눌 수 있다.

① 낮은 발휘수준

팀의 구성 멤버와 협력해서 일을 처리한다. 멤버로서 자신에게 기대되는 일을 확실히 이루어낸다.

② 중간정도의 발휘수준

서로 다른 의견이나 반대의견도 존중할 수 있다. 폭 넓게 적극적으로 멤버의 의견을 듣고 활용해서, 보다 고도의 합의가 이루어질 수 있도록 한다.

③ 높은 발휘수준

멤버의 원기를 충만시키고 격려하며 사기를 충전시켜서 서로 동기부여

그림 5-15 | 집단운영형 스타일의 행동 특성

하도록 이끈다. 팀이라는 일체감을 산출할 수 있는 연구를 수행한다.

팀의 이익을 최우선으로 생각하라

이 팀워크를 서포트하는 행동특성은 전항에서 언급한 조직지향성이다. 이것은 조직의 이익을 우선시하는 행동특성으로서 예를 들면, 의사결정이나 목표설정시에 그 결정이 상위부서나 회사전체에 어떤 결과를 초래하는지를 '전체 최적'의 관점에서 생각한다. 혹은 판단하기 어려운 문제에 직면했을 때, 회사나 조직에 미치는 이익을 가장 기본적인 판단기준으로 여기는 행동특성이다.

덧붙여, 이런 서포트 컴피턴시에도 레벨이 있다. 조직지향성으로 말하면, 다른 멤버가 모두 흰색 와이셔츠를 입고 있으므로 자신도 색깔 있는 셔츠를 입지 않는다고 하는 추종적인 행동수준에서부터, 조직이나 기업 전체를 위하여 자기희생도 불사하는 헌신적인 수준까지의 다

그림 5-16 | 팀 워크의 행동 수준

고   팀 정신을 강화하여 구심력을 증강할 수 있다.

중   반대의견도 존중함으로써 유연하고 폭넓은 합의를 이룰 수 있다.

저   다른 멤버와 협력해서 행동할 수 있다.

양한 관계를 생각할 수 있다.

5 규범형 스타일을 개발한다

전문성의 향상을 견인력으로 연결하라

　규범형 스타일의 개발은 어떤 의미에서는 매우 간단한 일이라고 말할 수 있다. 왜냐하면 새로운 행동습관을 몸에 지니는 것보다 우선 자신의 능력이나 전문성을 강화하기 위해 노력하는 것이 간접적인 리더십 강화로 연결되기 때문이다.

　솔선수범하는 힘의 원천은 '해 보인다'는 것이지만 모범을 보이기 위해서는 무엇보다도 자신이 고도의 전문능력을 갖추어야 한다. 반대로 말하면, 리더 자신이 매우 높은 전문성을 갖고 있다면—설령 다른 능력수준이 낮다고 해도—그것을 모범으로 보이면서 강한 힘으로 멤버를 이끌어 갈 수 있다. 그리고 부하의 능력수준을 극히 단기간 동안에 향상시킬 수 있다.

우선은 전문능력의 향상에 전력

따라서 앞에서 언급한 바와 같이, 이 규범형 스타일을 개발할 때의 행동요건으로서는 자신이 自信을 갖는 것과, 자신의 세일즈 포인트가 되는 전문영역을 명확히 하여 그 분야에서의 지식이나 기술을 향상시키고 최신수준으로 유지하려고 노력하는 일이 매우 중요하다.

구체적으로 말하면, 전문서적에도 항상 눈을 돌리고 연구회에도 출석하는 등 공부를 게을리 하지 않고, 부하에게 위기를 극복할 수 있는 지식이나 기술의 수준을 유지·강화·심화시키며, 대외적으로 행동을 하기 전에 우선 내적으로 노력하는 것이 필요하다.

거기에다 자신부터 솔선해서 실천함으로써 부하에게 모범을 보이는 실천지도형의 행동을 취한다. 혹은 부하에게 업무를 맡길 경우에는 자신의 경험이나 지식을 이용해, 사전에 발생소지가 있는 문제나 장해를 예측하여 '이런 일이 발생하면 이렇게 대처하라'는 기본적인 대처법을 알려 주는 것도 필요하다.

그림 5-17 | 규범형 스타일의 개발 행동

- 그 분야에서 전문성이나 지식을 최신수준으로 유지한다.
- 자신이 솔선수범해 보임으로써 지도한다.
- 문제나 장해를 예측하고 그 대처법을 알려준다.
- 최고의 업무성과나 품질을 요구한다.
- 중용에 타협하지 않고 최고수준을 지향한다.
- 최종성과를 확실히 하고 필요 이상의 관여는 하지 않는다.

자신에게도 최고수준을 요구하라

부하에게 언제나 최고수준의 업무성과와 품질을 요구함으로써 부하가 갖고 있는 잠재능력을 충분히 끌어낸다. 이것도 규범형 스타일의 행동요건의 하나이다. 그러나 이것은 당연히 부하뿐만 아니라 자신에 대해서도 요구해야 할 조건이다. 즉, 중용에 타협하지 않고 최고수준을 지향한다는 것을 자기 자신에게 의무화하는 것이다.

예를 들면, 제안서나 기획서의 내용에 있어서도 '이 정도면 되겠지'라고 타협하지 않는다. '좀 더 잘할 수 있다'면서 자신의 최고수준을 달성할 수 있도록 자신이 자신의 장애물을 뛰어넘는 자세나 행동이 필요하다.

'매출 100억 원을 목표로 한다면, 100억 원의 매출을 올릴 수 없다'라는 교훈을 어느 경영자로부터 들은 적이 있다. 100억 원을 지향한다면 120억 원을 목표로 해야만 한다. 즉 현재의 힘보다 한 단계 높은 목표를 설정해야만, 보유하고 있는 힘을 100% 발휘시키고 그 힘을 신장시켜 갈

그림 5-18 | 규범형 스타일 개발의 힌트

- 부하를 감동시켜서 이끌 수 있는 고도의 전문기술을 보유
- 자기 자신에 대해서도 도전적인 목표설정을 한다. 자신의 전문영역에서 높은 업적을 올리는 사람이나 제 1인자를 목표로 그것을 상회하는 목표를 설정한다.
- 장해나 어려움을 만났을 때 절대로 불가능하다고 생각하지 않고, 어렵기 때문에 보람이 있을 것이라고 긍정적으로 받아들이면서 타개책을 훈련한다.
- 회의에서는 자신의 순서를 기다리지 말고 우선 자신이 시작하는 훈련을 한다.
- 상사에 대해서 예스맨이 되지 않는다. 중요한 일에 대해서는 자신을 양보하지 않고 입장을 명확히 한다.
- 자신을 개발하는 사람을 발견해서, 그 사람의 행동, 태도, 분위기, 이야기 방식, 이야기 내용 등에 주의를 기울이면서 모방해 본다.

수 있는 것이다.

따라서 이 분야는 혹은 이 방식의 업무는 누구에게도 지지 않는다는 자신의 영역을 갖고, 게다가 그것을 향상시키는 좀 더 높은 과제를 자신이 완수해 가는 것이 규범형 스타일 개발의 근본이 되는 것이다. '업무적인 면에서 역시'라고 느끼게 하지 못하면 부하를 움직일 수 없으므로 효과 또한 얻을 수 없다.

프로세스는 부하에게 맡기고 자기관리력을 육성

또한 부하의 업무 프로세스 관리에 있어서 필요 이상의 관여를 억제해야만 한다. 업무를 맡길 경우 '이러한 결과를 산출하는 것이 이상적이다', '최소한 이 수준까지 달성해 달라'는 최종성과를 확실히 제시하고, 결과가 나올 때까지는 세세한 체크를 하지 않는 편이 좋다. 자신이 모범을 보이는 스타일의 리더십이므로 달성과정까지 개입하게 되면 부하의 자기관리 능력이 육성되기 어렵기 때문이다.

컴피턴시 '전문성'을 강화하자

규범형 스타일을 지탱하는 컴피턴시는 '전문성'이다. 즉 계속해서 새롭고 유익한 전문지식이나 기술을 습득해가며 비즈니스나 부하지도에 활용하려는 행동특성인 것이다. '직접 해 보이고, 말해서 듣게 하고, 시켜보고, 칭찬하지 않으면, 사람은 움직이지 않는다'는 유명한 말이 있다. 그 필두의 '직접 해 보여라'는 것에 의해 규범형 스타일을 발휘하는 리더는 부하를 움직일 수 있다. 따라서 우선 규범형 스타일의 리더는 그 모범을 보여줄 수 있는 정도의 높은 수준의 전문능력을 구비하지 않으면 안 된다.

또한 성과주의 시대에서는, 모든 면에서 70점을 받을 수 있는 평균적인 제너럴리스트보다 설령 다른 면은 50점밖에 못 받아도 자신 있는 분야나 전문 분야에서는 100점을 받을 수 있는 스페셜리스트 쪽이 중요시되고 있다. 이러한 전문능력을 획득하고 그것을 연마해 가며 멤버를 능가하면서 솔선해 갈 수 있는 행동을 취하는 것이 이 규범형 스타일을 강화하는 것이다.

또한 전문성 수준의 분류는 다음과 같다.

① 낮은 발휘수준

자신의 직무는 이것이며, 이것이 전문 분야라고 대답할 수 있는 전문성을 자각한다. 또한 개인적인 범위에서 자신의 전문성을 끊임없이 강화하기 위해 노력한다.

② 중간정도의 발휘수준

자신의 전문분야에 대한 업계동향 및 최첨단 정보와 기술 등에 대해

그림 5-19 ❙ 규범형 스타일의 행동 특성

항상 귀기울여 유익한 지식과 기술을 학습함으로써 최신수준을 유지한다.

③ 높은 발휘수준
회사와 업계에서 그 전문 분야에 대한 높은 수준의 전문성을 갖추고 어드바이스하거나 강사가 되어 제 1인자로서의 역할을 완수한다.

전문성의 발휘에는 의외로 '자신감'이 중요

전문성을 강화하는 행동엔진은 달성지향성 혹은 자신감이라는 컴피턴시이다. 항상 최고수준의 업무성과를 지향하면서 내일은 오늘보다 더 잘하려는 성장의욕이나 자기혁신 의욕이다. 그것을 행동에너지로 만들어 전문성을 향상시키기 위해 노력한다.

또한 '현재에 만족하지 않는 의욕적인 목표를 설정하여 가령 그것을 달성하지 못해도 포기하지 않고 계속 행동해 갈 수 있다', '상사로부터 부과된 목표수준보다도 조금 높은 목표를 설정하여, 자신의 잠재력을 자신이 이끌어 내려고 하는 도전적인 자세', 이러한 달성지향성은 리더의 높은 전문성을 보증하는 것이다.

덧붙여 전문성을 발휘하는 데에는 당연히 전문지식이나 기술, 정보력이나 사고력 등이 필요하지만 의외로 '자신감' 또한 중요한 컴피턴시가 된다. 예를 들어, 의약품 메이커의 연구자라는 고도의 전문성이 요구되는 직업에서 높은 성과를 올리는 연구자는 전문성과 함께, 예전의 성공체험을 바탕으로 하는 자신감을 구비하고 있다는 것을 우리들의 데이터를 통해 알 수 있었다.

신념을 지탱하고 있는 자신, 성공체험으로 얻은 자신이라는 컴티턴시는 달성지향성과 함께 전문성을 강화하는 중요한 행동요소인 것이다.

그림 5-20 | 전문성의 행동 수준

- 고: 그 분야에서 제 1인자가 될 수 있는 높은 수준의 전문성을 갖고 있다.
- 중: 전문분야의 새로운 정보와 지식에 대해서도 안테나를 높이고 있다.
- 저: 자신의 전문영역을 정확히 인식하고 개인적인 범위에서 자신의 전문성을 강화한다.

6 육성형 스타일을 개발한다

육성을 위해 대화나 이해를 가장 중요시한다

 육성형 스타일과 전항의 규범형 스타일은 능력을 신장시키는 리더십 스타일이라는 점에서는 비슷하다. 그러나 규범형 스타일의 목적은 업무방식이나 기술을 솔선수범해 보이는 것인 반면에, 육성형 스타일의 목적은 차분히 시간을 갖고 육성해 가는 스타일이다.
 따라서 육성형 스타일을 몸에 배게 하고 싶다면 부하와 서로 이야기하거나 상대를 이해하는 것이 이 리더십 스타일을 개발하기 위한 기초가 된다. 예를 들면, 부하에게 업무를 부여할 때 우선 그의 육성계획, 캐리어 형성 코스, 능력개발시의 문제점 등을 서로 이야기하여 명확화시키고, 그것을 근거로 중장기의 성과목표를 설정해 가는 방식이다.
 부하에게 업무를 맡기는 것은 인재육성의 토대를 만들어, 언뜻 보기에는 멀리 돌아가는 듯한 행동이나 방법을 포기하지 않고 끊임없이 계속적으로 수행하는 것이 필요하다. 즉 전력을 단기적으로 육성하는 것이 아니라 부하를 먼 안목으로 바라보며 육성하는 것이다.

조직의 내외부에서 부하의 우수함을 어필한다

물론 부하가 수행하는 프로세스에 대해 필요한 지원이나 피드백을 계속적으로 한다. 부하가 세운 목표를 달성할 수 있도록 격려를 아끼지 않는다. 정기적으로 육성상황을 확인하는 사후관리도 필요하다. 또한 부하가 능력을 발휘하거나 신장할 수 있는 기회를 조직의 내외부적으로 만드는 것도 육성형 스타일에서의 중요한 역할이다.

간부회의에서 부하가 상세한 프리젠테이션을 하게 하고 상사인 자신은 보충과 보조역할을 맡아 부하의 능력을 간부에게 인지시킨다. 중요한 고객과의 상담에도 유망한 부하를 동행시켜 자연스럽게 부하에게 중요한 포인트를 묻거나 의논하면서 함께 문제를 해결해 보임으로써 고객에게 부하의 우수함을 알리기도 한다.

반대로 아직 상사의 어드바이스나 지원이 필요한 수준의 업무를 오히려 부하 혼자 수행하게 함으로써 자주적인 연구를 촉진한다는 'on the job

그림 5-21 | 육성형 스타일의 개발 행동

- 상호 의사교환과 이해에 철저하다.
- 본인의 중장기 육성목표를 만들게 한다.
- 필요한 지원이나 계속적인 피드백을 부여한다.
- 부하의 능력발휘 기회를 대내외적으로 만들어 준다.
- 정기적으로 부하의 육성상황을 확인해 본다.
- 중장기 목표에 대해 장려를 한다.

training' 방식을 활용하는 것도 효과적이다.

장래성 있는 부하가 제출한 기획안은 심술궂게 흠을 잡아 몇 번이고 되돌린다고 하는 광고 에이전트의 관리직이 있다. 이러한 매정한 방법으로 부하를 육성하는 방식도 육성형 스타일에 필요한 행동이다.

부하가 분발하도록 '칭찬의 말'을 하라

부하가 업무에 어려움을 겪거나 암초에 부딪치는 등의 경우에는 손쉽게 구조선을 보내지 말고, '무엇이 문제해결을 방해하고 있는지, 어떠한 방향전환이 문제해결로 연결되는지'를 부하 스스로 생각해 보고 실천하게끔 한다. 부하가 어려움을 극복하거나 성공한 경우에는 조금 과장될 정도로 칭찬하는 것이 중요하다. 기본적으로 육성형 스타일의 리더는 부하를 칭찬해서 육성하는 것을 취지로 삼고 있다.

다른 부서에 갈 때마다 언제나 자신의 부하를 자랑하는 리더가 있다면 그 말은 곧 부하의 귀에도 들어가 '좋아, 좀더 분발해야지'라고 부하를 더욱 분기시킬 수 있는 원천이 된다. 이것은 제3자를 통해서 칭찬하는 고도의 테크닉이며, 직접 칭찬하는 것보다 효과가 더욱 크다.

부하의 성장을 면밀히 기록하라

또한 부하 한 사람 한 사람에 대한 육성파일을 만들어서 성공이나 실패 사항, 분석결과, 육성목표나 스텝 등의 데이터를 기록해 둔다. 그것을 기초로 육성면담을 하면서 유익한 어드바이스를 주는 등, 항상 '육성한다'는 것을 염두에 두고 부하를 대하는 것이 중요하다.

리더인 자신은 부하에게 있어서 능력개발을 위한 '최상의 자원'이며, 또한 최대의 책임자이기도 하다. 리더는 그것을 잘 자각하고 행동하는

그림 5-22 | 육성형 스타일 개발의 힌트

- 부하에게 있어서 자신이 능력개발의 최상의 자원이며 책임자라고 생각한다.
- 항상 부하에 대해 자기 부서 이외의 곳에서 자랑하거나 칭찬한다.
- 고객이 있는 곳에서 육성하고 싶은 부하와 함께 문제해결을 시도한다.
- 부하가 업무적으로 어려움에 직면했을 때는 '무엇이 문제해결을 촉진하는지, 무엇이 방해되고 있는지'에 대해 부하의 솔직한 의견을 듣는다.
- 부하 각각의 육성파일을 작성하여 성공이나 실패, 육성의 필요성, 육성스텝 등을 적어 놓고 이것을 기초로 육성면담을 한다.

것이 중요하다.

컴피턴시 '육성력'을 강화하자

육성형 스타일은 말 그대로 멤버 각각의 능력을 육성한다는 '육성력'이라는 컴피턴시에 의해 강화된다. 이 육성력이라는 컴피턴시는 다양한 행동스타일로 나타난다. 구체적인 예를 들면, 부하가 작성한 기획안의 미비점을 지적할 때 '이 정도로는 안 된다'라고 단정지어 말하지 말고 부하에게 질문을 던진다.

예를 들면, '스스로 몇 점 정도 줄 수 있는 내용인가' 라든지, '어느 면에 취약점이 있다고 생각하는지' 또는 '반대의견에 대한 설득자료는 어떤 것을 준비하고 있는지' 등과 같이 부하가 스스로 사고하고 자기통찰할 수 있는 질문을 거듭하는 행동을 취한다.

부하에게 성선설로 대하는 것이 가능한가

성선설로 부하를 대할 수 있다는 것은 '육성력'이라는 컴피턴시를 강화

그림 5-23 | 육성형 스타일의 행동 특성

하기 위해서 필요한 행동이다.

　인간은 본래 일하기 싫어하는 존재이므로 강제적이거나 혹은 명령을 받으면 능력을 발휘할 수 있다(X이론). 아니다, 조건이나 환경만 잘 주어진다면 목표달성을 위하여 자주적으로 노력한다(Y이론). 더글라스 마크레그라는 유명한 행동과학자는 인간의 동기를 이와 같이 유형화했는데, 후자의 이른바 '성선설'의 입장을 부하육성의 거점으로 할 수 있는 리더의 행동특성을 말한다.

　즉 육성이란 기본적으로 '맡긴다'는 것이다. 맡긴다는 것은 부하에게 기회를 준다는 것이다. 따라서 부하의 이런 점이 약하므로 맡길 수 없다면서 기회를 빼앗지 말고, 다소의 결점이나 실패에 너그럽게 그 가능성을 믿고 기회를 준다. 그렇게 함으로써 부하를 육성해 간다는 행동 스타일인 것이다.

　이 '육성력'이라는 행동 스타일의 수준은 다음과 같다.

① 낮은 발휘수준

상대가 이런 업무를 할 수 있다고 믿으면서 그대로 기대를 전한다. 또한 업무를 수행하는 데 있어서 실용적인 방식과 비법을 가르친다.

② 중간정도의 발휘수준

구체적인 방식뿐만이 아니라 배경이나 이유 등을 상대에게 말해서 알게 한다. 수행한 일에 대해 어드바이스를 비롯해 피드백을 수행한다.

③ 높은 발휘수준

긴 안목으로 상대의 능력개발의 장을 만들어 낸다. 순간적인 어드바이스에 머물지 않고, 계속적으로 성장과정을 지원한다.

서포트 컴피턴시는 '조직지향성'

육성력이라는 컴피턴시와 함께 육성형 스타일을 강화하는 서포트 컴피턴시에 해당하는 것은 관계중시형 스타일 혹은 집단운영형 스타일에서와 같이 '조직지향성'이라는 컴피턴시다.

그림 5-24 ┃ 육성력의 행동 수준

고	부하의 능력개발을 촉진하면서 육성기회도 제공할 수 있다.
중	해당 업무의 의미와 이유를 명확히 알게 한다.
저	업무의 내용과 수준에 대해 부하에게 기대감을 표명하고 노하우를 지원할 수 있다.

행동기준 포인트로서 조직의 전체이익을 지향하는 행동특성이며, 인재육성에 있어서도 부하를 육성하는 것이 결과적으로 조직의 신장으로 연결된다. 따라서 조직 신장은 우선적으로 인재육성에서 시작한다는 장기적인 시점에 의해 수행할 수 있다.

따라서 조직지향성을 뒷받침하는 인재육성법은 부하에게 기초능력이나 응용력을 서서히 심어줄 수 있다는 이점이 있다.

7 '무엇이 변화하였는가'를 사후평가한다

사후체크를 하라

마지막은, 필요한 리더십 스타일을 개발해서 강화한 결과, 그것이 부문체질에 어떤 영향이나 효과를 주었는지를 자신이 사후평가해 보는 단계이다.

실제로 리더십 스타일을 실천한 결과, 구체적으로 부문체질의 '무엇이 변화하였는지'를 체크해 본다. 예를 들어 집단운영형을 중점적으로 실행해 본 결과, 지금까지는 부하가 회의에서 상사인 자신의 의견을 듣기만 할 뿐이었는데 1개월 정도 지나면서부터는 적극적이고 자주적으로 아이디어가 나오게 되었다. 그것은 '일체감'이라는 풍토요소가 강화되어 성과가 나오게 된 때문이다.

혹은 눈앞의 과제에 착수하는 타이밍이 언제나 늦고 착수한 후에도 상사의 지도를 받는 경향이 강했으나, 리더가 비전형 스타일을 강화한 결과로 조금씩 '책임감'이 부문체질로서 형성되었다. 따라서 부하가 자신의 권한과 책임하에 자율적으로 업무를 수행할 수 있고 자주적인 문제해

그림 5-25 | 사후 체크시의 포인트

- 구체적으로 '무엇이 변화하였는지'를 체크한다.
- 신뢰할 수 있는 부하에게 평가를 받는다.
- 실천에서 사후 평가까지의 기간은 3개월이 적당하다.
- 반성자료를 항목별로 적어 본다.

결력도 양성되어서, 권한위임이 원만하게 이루어지게 된다.

이러한 경우에 구체적인 변화로서 나타나게 된 효과를 체크해 본다. 항목별로 적어 보는 것도 좋을 것이다.(자기평가가 너그럽다고 생각되면 신뢰할 수 있는 부하에게 평가받는 것도 좋은 방법이다.) 역시 실천에서 체크까지의 기간은 3개월 정도가 타당하다. 반년이나 1년은 너무 길어서 결과가 애매하게 되어 버린다.

반복적으로 수행하여 체질개선으로 연결시킨다

또한 좋은 결과가 나왔어도 한번으로 끝내 버리지 말고 몇 번이고 반복적으로 수행하는 것이 중요하다. 문제는 부문체질의 개선인데, 이것은 하루아침에 이루어지는 것이 아니며 극적으로 변화하는 것도 아니다. 조금씩 개선되면서 이윽고 뿌리를 내리는 것이다.

따라서 '개선포인트의 명확화 → 필요한 리더십 스타일 결정 → 강화와 실천 → 사후평가'라는 4가지 스텝을 반복하여 계속 수행하는 것이 중요하다. 그렇게 함으로써 비로소 당신의 리더십 스타일이 풍토나 체질화되어 침투됨으로써 부하나 조직의 매니지먼트가 자유자재로 가능하게 된다.

6가지의 스타일을 적절히 사용하는 것이 이상적

덧붙여, 한 가지 리더십 스타일만을 강화하는 데 머물지 말고, A가 강화되었으면 다음은 B 스타일의 개발에 착수하는 식으로, 가능하면 많은 리더십 스타일을 몸에 지녀서 이상적인 부문체질에 근접할 수 있도록 노력했으면 한다.

그래서 최종적으로 6가지의 스타일을 상황에 맞게 적절히 사용할 수 있게 되기를 바란다. 본서의 서두에도 언급했듯이 시장의 변화, 히에라르키형(피라미드형의 신분구조), 플랫형(flat) 조직구조로의 변화, 고용유동화에 의한 조직멤버 교체의 극심화 등 기업을 둘러싼 환경변화에 어지러울 정도이다. 이러한 상황변화에 유연히 대응하기 위해서는 한 가지의 리더십 스타일만을 특화하거나 고집해서는 안 된다.

그림 5-26 │ 계속적으로 학습하는 것이 중요

STEP1~STEP4까지의 사이클을 반복 학습함으로써 뛰어난 리더가 될 수 있다

상황최적의 리더십을 지향하라

즉 상황에 따라 최적의 리더십 스타일을 선택하여 실천할 수 있어야 한다. 고정형이 아닌 상황대응형의 리더십 스타일을 몸에 습득하는 것은 격심한 변화의 시대에 높은 성과창출의 의무를 지닌 중견리더에게 필수불가결한 조건이다.

그런 의미에서 현재사회에서 가장 필요하고, 우리들 헤이그룹이 이상이라고 생각하는 리더십이야말로 '시츄에이셔널 리더십(상황최적의 리더십)'인 것이다. 본서를 계기로 이 시츄에이셔널 리더십을 몸에 습득하기 바란다.

헤이컨설팅그룹 : Hay Consulting Group
- · 1943년 미국 필라델피아에서 설립
- · 세계 최초 직무평가 기준인 Hay Guide Chart 개발
- · 포춘 500대 기업 70% 이상이 Hay System 도입 사용
- · Competency 개념 창안 및 Dictionary 연구실적 최다 보유
- · EQ 개념에 대한 연구발전 및 실천활용 보급
- · 세계 최고 권위의 인사관리시스템 및 전략 컨설팅회사

저자
와다나베 토시카즈 : Hay Consulting Group 부사장
미야케 미쯔노리 : Hay Consulting Group 컨설턴트

역자
강신일 : Hay Consulting Group 컨설턴트

퍼포먼스 리더십 : 성과창출로 직결되는 실천 리더십

초판 1쇄 발행 2003년 6월 20일
초판 3쇄 발행 2005년 10월 20일

발행자 김혜련
발행처 (주)시그마인사이트컴
　　　　서울특별시 마포구 대흥동 276-1 경총회관 3층
　　　　(우) 121-726
　　　　전화 : (02)707-3330, 팩스 : (02)707-3185
　　　　http://www.sigmainsight.com
등 록 1998년 2월 21일 (제10-1549호)

값 12,000원

※ 기업 · 개인 직접주문 : 시그마인사이트컴(전화 : 707-3330)
※ 독자 여러분의 의견을 기다립니다(e-Mail : book@sigmainsight.com).

ISBN 89-88092-27-9　　03320